지구화 시대

여성과
공공정책의 변화

지구화와 여성 총서 ❻

지구화 시대
여성과
공공정책의 변화

한국여성연구원 편

김선욱 · 조순경 · 석인선 · 이영숙 · 김정희

푸른사상

□ 책머리에

지구화는 일견 초지역적 현상으로 보이나 오히려 지구화가 진전될수록 지역의 정치·경제·문화로 통합되며 역으로 지역의 정치·경제·문화는 역사상 그 어느 시대보다도 광범위하고 신속하게 지구화되어 가는 양상을 보이기도 한다. 즉 지구화 시대에 이제는 더 이상 순수한 지구, 지역은 없고 지구화와 지역성은 결합된 양태로 전개되고 있다. 또한 지구화는 삶의 양식과 경험, 그리고 주체성 형성의 차원에서도 한편으로는 획일화와 동조화를 가져오는 반면, 다른 한편으로는 다양한 가능성의 장을 열어 놓고 있다. 이와 같이 양가적으로 진행되고 있는 지구화를 성평등 확장과 개인 및 시민사회의 질적 고양을 가져올 수 있는 새로운 도전으로 이해하고 이에 대응하고자 할 때, '지구적인 것'과 '지역적인 것' 간의 역동성, 그리고 이 역동성과 여성들의 경험과의 연관성은 우선적으로 탐구될 필요가 있다. 특히 공공정책은 이같은 관점에서 중요하게 살펴보아야 할 영역이다. 정책적 수혜에서 상대적으로 소외되어 온 여성들의 삶의 질을 향상시키고 사회 전반의 양성 평등성을 높이기 위해서는 공공정책을 여성의 경험과 관련시켜 다방면에서 검토하여 대안을 제시하는 성인지적 공공정책 연구가 필요하기 때문이다.

이 책에 실린 다섯 편의 글들은 지구화에 따른 국가공공정책의 변화 방향을 여성정책, 여성 노동정책, 환경정책, 여성 건강정책, 지역여성정책을 중심으로 여성주의적 관점에서 분석하고 지구화 과정에서 여성이 소외되지 않는 한국 사회의 공공 정책의 방향을 탐색하고 있다.

김선욱의 "지구화 시대의 공공정책의 변화와 여성정책"은 지구화 시대의 국가 공공정책의 변화에 따른 여성정책의 변화를 분석하고 성주류화 정책이 공공정책에서 주류화 되기 위한 정책적 방향과 과제를 탐구하고 있다. 저자는 성주류화 정책은 종전의 여성에 대한 특별한 정책과 병행될 때 효과적이라고 본다. 또한 가정과 사회 모든 부분에서 남녀의 삶이 균형을 이루기 위해서는 직장구조, 공공정책, 성역할 등이 재구성되어야 하는데, 이를 목표로 성주류화 전략을 치밀하게 실천하는 것이 앞으로의 여성정책의 과제임을 지적한다. 이를 위해서는 경제정책, 노동정책, 교육정책, 사회복지정책, 가족정책, 조세정책, 건강정책 등 국가의 모든 정책에서 성별 균형(gender—balance)을 목표로 하는 정책의 변화가 이루어져야한다. 이 과정에서 모든 정책의 전 과정에 대한 젠더 통합을 점검하고 평가하며, 성주류화를 위한 인력을 교육하는 기관과 성주류화에 대한 자문·상담·정보·교육·연구 등의 전문기관으로서 기능해야 하는 여성부의 위상이 특히 강조된다. 더불어 성주류화를 위한 각 부처의 핵심부서로서의 여성정책책임관의 위상 또한 강조된다.

조순경의 "신자유주의 정책의 생산과 여성주의 개입의 정치학"은 노동조합운동이 여성친화적 비정규 노동정책을 주도하는 역할을 담당한다는 전제 아래, 한국 사회에서 노동조합이 비정규직 문제를 어떻게 다루어 왔으며, 여성 친화적 비정규직 정책을 생산하는 데 어떠한 조건이 필요할 것인가에 대해 탐구하고 있다. 한국 사회에서 노동운동 뿐 아니라 비정규직 문제를 둘러싼 연구와 담론들, 그리고 정책결정 과정에서 여성들은 배제되고 있다. 정책 담당자와 연구자들은 거의 모두 남성이며 여성은 연구 대상이 되고 있을 뿐 그들의 문제를 해결하는 주체로 설정되고 있지 않다. 운동의 과정에서도 전국여성노동조합을 제외한 대부분의 노동운동조직에서 비정규직 여성은 조직의 대상으로, 거시적인 구조의 수동적 희생자로만 부각되어 왔다. 그러나 최근의 비정규직 여성노동운동은 이와 같은 통설이 현실적 토대가 없음을 보여주고 있다. 우리나라에서 고용 불안정을 야기하는 노동시장 유연화 정책에 가장 먼저, 가장 강하게 저항해 온 집단은 바로 여성 비정규직이었다. 고용형태와 성별에 의한 다중적 차별을 경험하는 비정규직 여성들은 자신들의 경험에 기초하여 비정규직 차별에 대한 새로운 대안을 모색하고 있다.

저자는 현 단계에서 필요한 것은 비정규 노동에 대한 차별이 어떠한 논리와 조건아래에서 유지되고 재생산되는지, 그리고 그러한 과정에서 여성 비정규직 노동자들의 저항이 어떠한 조건에서 이루어질 수 있는지에 대해 탐색해 나가는 작업이라고 말한다. 이를 통해서만 이 비정규직 및 노동시장 유연성에 대한 결정론적 관점의 문제를 지양하고, 여성의 경험을 토대로 한 여성친화적인 정책 방향 제시를 위해 필요한 논의가 가능할 것이기 때문이다.

석인선의 "지구화 시대의 여성환경문제와 대응"은 지구화가 환경정책에 어떠한 영향을 주고 있으며, 지구화를 도전으로 활용하고자 할 때 요구되는 정책은 어떤 것인지 등을 탐구함에 있어서 여성주의적 접근의 필요성과 의미를 논의하고 있다. 또한 환경문제해결에서 여성잠재력을 극대화하고 나아가 지구화 시대의 지속가능한 발전에 기여하기 위한 여성환경활동의 대응 방향과 생태여성주의(ecofeminism)적·생태지역주의(bioregionalism)적 인식으로의 전환이 가지는 중요성과 그 방향을 제시하고 있다. 여성환경운동과 정책은 우선 여성의 세력화를 통해 여성을 분리·소외시켜온 기존의 지배 구조를 변화시켜야 한다. 단 세력화는 변화의 힘을 지니는 정치를 구조화하는 조심스러운 과정이므로 여성들이 가부장제와 싸우면서 그 전략을 자신에게 부분적으로 내면화시키기도 했음을 인식하면서, 이 과정에서 기존의 이원론을 반복하지 않고 위계질서와 지배구조를 재생산하지 않도록 유의할 것이 요청된다. 둘째로 성인지적 관점과 생태여성주의적 인식으로의 전환이 요구된다. 여성 정체성에 기반한 생태여성주의의 기본적 논의를 환경문제에 대응하는 자신의 삶의 방식으로 삼아 구체적이고 실제적인 삶의 맥락에서 창조적으로 적용해 나가는 것이 요청된다.

이영숙의 "건강관리활동의 여성주의적 지구/지역 맥락성"은 지구화 시대에 지구/지역의 역동성과 성별정치학이 만나는 교차점에서 여성의 건강관리활동의 경험을 고찰함으로써 한국이라는 지역이 보편적인 지구적 현상에 반응하고 대응하는 지구/지역의 특수한 역학을 파악하고 여성관련 공공 건강정책의 방향을 제시하고자 하였다. 저자에 의하면 한국여성의 건강관리활동들은 여성의 경험을 위치 지우는 다양한 요소의 복합적 맥락과 긴밀히 연관되어 있다. 즉 지구적 자본과 지역의 자본의 조건, 지역의 사회구조적인 가부장제의 조건, 지역의 문화적 조건, 그리고 지구적 의식의 유입에 의해 다층적으로 진개되고 있다. 특히 한국이라는 지역 여성의 행위성 형성에 지구적 시장과 자본의 논리와 지구적 의식 수준의 가치관 가운데 하나만이 영향을 주는 것이 아니라, 대부분의 여성들에게는 이 둘이 지역의 사회·문화의 구조 내에서 복합적으로 작용하고 있다는 점을 주목하게 한다. 정책 제안으로는 지방자치 단체의 프로그램 운영 공간 지원, 치유적 프로그램의 실시, 기층민의 여성들이 건강관리활동과 함께 가족문제와 생활문제를 상담할 수 있는 통합적 프로그램 지원, 중고등학교와 고등교육기관에서는 여성의 몸과 건강에 대한 학제간 통합적 프로그램의 실시 및 전통적인 한국의 수련 포함과 그에 대한 사회복지 차원에서 지원하는 방안의 모색 등이 있다.

김정희의 "제도화된 모성 경험과 변화의 방향 : '지역성 부재'의 변화를 중심으로"는 지역성과 제도화된 모성 경험에 대한 문제의식에서 출발한다. 즉 대안적인 지역성 창조의 조건은 신자본주의 체제에 포섭되지 않은 새로운 주체성을 전제한다는 측면에서 이와는 대립된 양상으로서의 제도화된 모성을 탐색하고 있다. 이러한 문제의식에서 이 글은 다음의 두 가지를 탐구하고 있다. 첫 번째로 맹모(孟母)의 존재 구조를 경험 연구를 통해 미시적으로 살펴본다. 두 번째로 이러한 연구의 바탕 위에서 맹모 상징의 균열이 가능한 조건들, 더 나아가 맹모 상징의 지형을 새로운 지역성 창조의 조건으로 바꿀 수 있는 조건들에 대하여 탐구하고 있다.

저자는 이러한 연구의 바탕 위에서 맹모 상징의 균열이 가능한 조건을 탐구하여 제도화된 모성에 균열을 낼 수 있는 정책 방향이 수립되기 위한 몇 가지 조건을 제안하고 있다. 첫 번째 조건은 한국의 여성주의 혹은 여성운동이 종전의 교육에 대한 협소한 관심이나 무관심에서 벗어나서 교육에 폭넓은 관심을 갖는 것이다. 이것은 제도화된 모성을 유발시키는 조건이 되고 있는 학교 교육 체제에 대한 여성주의 시각에서의 담론과 정책을 개발하기 위한 전제 조건으로 요구된다. 둘째로 제도화된 모성에 균열을 내는 두 번째 전략으로 대학교육은 제도화된 모성을 성찰하고 학생 스스로 탈 근대적 주체로의 성장을 준비해 갈 시공간을 만들어낼 수 있는 잠재 조건임을 지적하고 있다. 셋째로 생명여성주의자 어머니들과 여성주의가 만날 때, 이는 주어진 체제 하의 계층 상승 욕망을 대안 사회 질서에 대한 욕망으로 대치시켜 내는 전략이라고 보고 있다.

이화여자대학교 한국여성연구원에서는 한국학술진흥재단의 1999년도 중점 연구소 제2단계 지원 과제인 '지구화 시대의 지역 정치학과 여성'을 총 15명의 연구자가 2001년 12월부터 2003년 11월까지 2

년 동안 수행하였다. 지구화는 지역성과의 통합성 속에서 전개된다는 인식 하에 연구자들은 '지구적인 것'과 '지역적인 것' 간의 역동성이 성별과 만나는 교차점에서 다양한 여성 경험을 학제적으로 연구하였다. 이 책에 실린 연구결과들은 그 중 제 1세부과제인 '지구화 시대의 공공정책과 여성'(과제번호 2001－005－C20016)에 해당하는 것이며, 이 책은 2002년부터 한국여성연구원이 발간하고 있는 '지구화와 여성 총서' 중 여섯 번째 책이다. 앞으로도 2006년까지 총 9권의 단행본이 학술 총서로 발간될 예정이다.

이 책이 나오기까지 자료 수집과 정리, 원고 교정 등 많은 도움을 준 석·박사 과정의 연구 보조원들과 빠듯한 출판 일정 속에서도 성심성의를 다해 좋은 책을 만들어 주신 푸른사상 여러분들의 노고에 깊이 감사한다.

2005년 8월
저자 일동

차례

차례

제1장

지구화 시대의 공공정책의 변화와 여성정책

김선욱

1. 서론

지구화는 정치, 경제, 사회, 문화 등에 있어 국가간의 상호의존성이 증대되어 세계가 하나의 지구촌으로 되어가는 현상으로서 국가기능의 약화, 국경의 소멸, 정보전달과 의사소통에 있어 시·공간적 장벽의 파괴, 초국적기업의 등장, 자유무역주의와 자본주의시장경제의 세계적 확대 등의 현상으로 나타나고 있으며, 이에 따라 개별국가중심의 정책결정체제는 약화되고 있다. 즉 지구화는 국가역할의 변화를 가져오고 있다. 그동안 규제자, 사회적 형평의 보장자로서의 국가역할은 비규제적이고 자율적인 세계경제를 원활하게 하는 역할로 축소됨으로써 각국 정부는 재원을 분배하는 능력이 약화되어 건강, 교육, 사회적 안전과 같은 기본적 인권에 대한 비용을 줄이고 있다. 이러한 공공관련 지출의 감소는 재생산에 대한 지원을 줄이게 하는데, 이는 다시 여성개인의 부담이 되므로 성적 재분배가 후퇴할 우려가 있다. 뿐만 아니라 공공지출의 삭감으로 인하여 사회적 프로그램이 중단된 경우 그 안전망을 제공하기 위해 여성의 무임금 노동에 의존할 우려가 있다. 이러한 국가역할의 감소는 기업부문의 역할증대로 변화하기도 하지만 결국 노동기준, 사회적 안전, 성평등, 인권 등의 법제화 구조를 약화시킬 가능성이 크다. 공공정책은 그 사회구성원들에게 기본적인 권리와 의무를 할당하고 이익과 부담을 적절히 배분하는 기능을 하기 때문이다.

이 글에서는 지구화 시대의 국가 공공정책의 변화에 따른 여성정책의 변화를 분석하고, 공공정책의 주요 분야인 여성정책이 공공정책에서 주류화되도록 하기 위한 성주류화 정책을 중심으로 여성정책의 과제를 다루어 보고자 한다.

2. 공공정책의 변화에 따른 여성정책의 변화

1) 행정환경의 변화와 개혁과제로서의 여성정책

지구화, 정보화 사회에 대한 포괄적인 대응을 위해 한국 정부는 '지식정부, 열린정부, 세계정부'를 지향하고 있다. 급속한 시대변화의 조류에 유연하게 대처하기 위해서는 관료주의 행정 메카니즘이 갖는 한계를 극복하기 위한 기존 행정의 재구조화 또는 개혁이 요구되고 있다.

최근에는 비공식적 조직과의 파트너쉽을 강조하는 새로운 통치모델인 거버넌스(governance)라는 개념이 등장하고 있으며, 생산의 국제화, 자본이동성의 증가, 노동의 임시직화와 비정형근로의 증가, 노동의 분절화(fragmentation)현상 등을 일컫는 포스트 포디즘(post-fordism)과 사회과학적 물음에 대한 하나의 시각으로 남성우선주의라는 지배담론의 붕괴를 주장하는 포스트 모더니즘(post-modernism) 등 행정환경과 패러다임이 변화하고 있다. 이러한 변화 속에서 세계적인 규범(global standard)을 고려한 국가정책적 대응이 매우 필요하다. 더구나 한국 사회가 경험한 IMF는 이미 시작된 개방화, 국제화, 세계화 등이 21세기적 변화에 적절히 대응하지 못한 위기의 한 형태로서 단순한 경제문제만이 아니며 한국의 정치, 사회, 문화 등 모든 영역의 문제와 연결되어 나타난 현상이라고 할 수 있다.

오늘날의 세계경제질서 속에서 경쟁력을 갖추려면 과거와 같은 개별기업의 효율성에 근거한 경쟁만으로는 불가능하며, 국가제도의 합리성, 정부조직의 능률성, 건전한 근로윤리, 기업가정신 그리고 기타 사회, 문화, 정치적인 제반 능력이 총체적으로 합해지는 국가경쟁력이 요구된다. 이를 위해서 전반적인 경제, 사회적 여건의 민주화와 인간화가 요구되며, 이는 또한 여성들에게 평등한 삶의 조건을 제공하는 정책을 더욱 필요로 하게 된다. 국제적으로도 많은 선진국들은 평등한 권리로부터 평등한 지위 내지는 평등한 권력과 영향력으로, 그리고 책임과 권력의 분담이라는 슬로건 하에 사회의 모든 면에서 남녀가 권력과 책임을 나누기 위한 새로운 사회적 시스템으로의 변화를 시도하고 있다. 한국 사회도 이러한 세기적인 변화가 요구하는 여성정책적 요구를 수용하면서 여성정책의 발전을 이루어야 할 시점인 것이다.

2) 국가정책의 목표로서 여성정책의 주류화

1995년 북경여성대회이후 유엔여성정책에서 강조되고 유럽연합, OECD 등에서도 여성정책의 주요한 변화로 다루고 있는 여성정책의 주류화는 각종 정책 분석 및 권고에 있어 성별의 고려를 통합하는 과정으로 공공 및 민간부문을 망라한 모든 분야의 정책 결정영역에서 성평등을 이룩하는 전략으로 정의되고 있다. 특히 대상으로서의 여성에게 초점을 두기보다는 성평등이라는 목표에 초점을 두며, 사회 전 구성원이 사회통합, 경쟁력, 성장에 기여할 수 있는 모든 잠재력을 실현하는 것을 목표로 한다.

한국의 여성정책도 공식적으로는 1998년부터 여성정책의 주류화를 기본 전략으로 채택하기 시작하였다. 여성정책 주류화의 당위성은 여성문제의 특성에서부터 비롯된다. 여성문제는 경제개발, 인권, 정치적 상황, 문화 등과 깊이 관련되므로 문제의 해결을 위해서는 특정 영역에서 다루어지기보다는 모든 분야의 국가정책영역에서 중요하고 본질적인 주류로서 다루어져야 하기 때문이다.

이러한 여성정책의 주류화는 다음의 3가지 과정을 통해 이루어질 수 있다. ① 여성의 주류화로서 사회의 모든 분야에서 여성이 동등하게 참여하고 의사결정권을 갖는 것을 의미한다. ② 성인지적 관점의 주류화로 정책이나 프로그램이 여성과 남성에게 어떻게 다르게 영향을 미치는가를 검토하고, 모든 정책의 수준과 과정에 성인지적 관점을 통합시키는 것을 가리킨다. ③ 주류의 전환으로 행정조직의 성별 구성이 바뀌고, 성인지적 관점이 통합되는 것이며, 해당 제도의 근본적인 전환과 연결된다.

이러한 여성정책 주류화를 위한 정책과제 중 하나로 모든 정책에 성인지적 관점을 개입시키는 과정은 흔히 저항에 직면하게 된다. 이는 대부분의 정부 부처가 여성을 대상으로 하는 정책 이외의 정책들은 성 중립적이라고 믿고 있기 때문이다. 일반부치에서 성차별의 문제가 없다고 생각하고, 성인지적 정책을 개발할 필요성을 느끼지 못하는 가운데 여성정책의 성인지적 관점의 개입 요구는 불필요하다고 여긴다. 이러한 현상은 정부 각 부처가 여성정책의 성격을 제대로 이해하지 못하고 있다는 점에서 기인하는 데, 흔히 여성정책은 여성을 대상으로 하는 정책이고, 기타 입법, 공공정책, 프로그램, 개별사업 등 국가의 정책은 성 중립적인 정책이라고 여겨진다.

그러나 여성만을 대상으로 하지 않는 일반정책에서도 여성과 남성의 서로 다른 삶의 현실이 고려되지 않은 정책들은 그 정책의 효과가 성차별적으로 나타날 수 있다. 따라서 국가의 모든 정책이 결정되고 시행됨에 있어 사전에 그 정책의 남성과 여성에 대한 영향이 고려된 분석을 거침으로써 정책의 성 불평등 효과를 사전에 제거하고 모든 정책결정과정에 성인지적 관점을 통합하도록 촉진하는 작업이 필요하다.

이렇게 여성정책을 주류화할 수 있는 여성정책담당 행정조직을 갖추는 것이 여성정책주류화의 대전제이다. 즉 여성정책을 담당하는 행정조직은 국가행정조직의 주류적인 조직에 위치해야 하고, 비정부기구 및 지역 사회단체의 참여를 목적으로 분권화된 기획을 할 수 있어야 한다. 또한 이행과 모니터링을 촉진하는 제도적 기제를 갖추어야 하며, 충분한 재정과 전문인력을 가져야 하고 정부의 모든 정책에 영향을 줄 수 있는 기회와 권한을 가져야 한다. 특히 현재의 남성중심의 관료행정제도 안에는 기존의 가부장적 제도, 절차, 규정, 사고 그리고 행위유형이 깊이 자리잡고 있으므로 이러한 행정환경 속에서 평등사회구현을 위한 여성정책을 수행해야 하는 행정조직은 현재의 남성중심적 기준과 판단에 변화를 줄 수 있는 영향력과 힘이 필요하다.

한국 사회에서는 그동안 여성정책을 담당하는 행정조직이 국가차원에서 또 지방자치차원에서 다양하게 설치되는 양적 발전을 이루어 왔다고 할 수 있다. 그리고 이러한 여성정책담당 행정조직이 여성정책을 펼 수 있는 법적 근거로서 여성발전기본법, 남녀차별금지 및 구제에 관한 법률 등이 제정되었다. 이제는 이들 조직들이 헌법상의 남녀평등실현을 위한 관련법들을 제대로 이행할 수 있는 행정조직으로 발전되어야 한다.

3) 행정개혁과 공직의 성균형(gender balance)

세계화, 지방화, 정보화 등 행정환경의 급격한 변화에 효과적이고 능동적으로 대응하기 위해서는 여성공무원의 효율적 활용이 반드시 뒤따라야 한다. 여성공무원의 효율적 활용이 부재하는 경우, 이는 행정인력의 불완전한 활용이라 할 수 있고 이러한 불충분한 활용은 행정인력의 총체적인 활용부족으로 이어져 여성공무원 개인만이 아닌 행정조직 전체 손실로 이어질 수 있다. 따라서 공공부문에서의 여성공무원의 채용을 확대하고 모든 직위에서의 여성의 '대표성'을 제고하는 것은 남녀평등사회의 구현에 있어서 중요한 인사정책의 과제이다.

여성공무원에 대한 인사를 국가가 중립적으로만 운영하는 경우에는 공직의 구조적 특징상 여성의 차별과 직업적 열등을 영속화시키거나 장기간 지속하게 할 것으로 예측되므로 한시적인 여성우대조치로서 여성공무원 채용목표제 및 승진목표제와 같은 국가개입이 필요하다. 즉 여성공무원 채용목표제는 한 나라의 관료제가 그 나라의 인구구성의 특징을 반영하여야 한다는 대표관료제로서의 의의를 반영하는 제도로 비공식적, 결과적 성차별이 지속되고 있는 한국의 상황에서 소외집단의 대표성을 제고할 수 있다는 면에서 의의가 있다.

이러한 적극적인 국가개입의 예를 보면 1960년대 이후 미국을 미롯하여 선진유럽국가에서는 공공부문에서의 여성차별철폐를 위한 적극적 조치(affirmative action program)를 채택·운영하고 있다. 또 공개경쟁시험에 의한 임용을 원칙으로 하는 실적주의가 미국 내 흑인 여성, 소수인종을 포함하는 미국 내 소외집단에 대해 공직임용차별을 제도화하는 결과를 초래하였으므로 1940년대부터 공직임용상의 실질적 평등을 보장하기 위한 노력이 시작되었고, 1972년 고용기회균등법 제정을 통해 민간기업의 차별행위를 금지시켰다.

따라서 한국 사회에서도 국가미래발전의 실현도구인 공무원에 관한 인사정책을 정부 개혁의 토대로서 인식하고 공무원 인사개혁에서 특히 양성평등이 불충분하다는 점에 주목하여 공직사회에서 여성공무원의 대표성을 높이기 위한 다양한 정책이 실시되어야한다.

3. 한국 여성정책의 변화: 여성입법을 중심으로

1) 여성관련입법의 발전배경

한국은 1948년 제헌헌법에서 법 앞의 평등, 성에 의한 차별의 금지 및 남녀평등한 참정권을 규정하면서 법상의 형식적 평등이 이루어지기 시작하였다. 그러나 헌법상의 평등권규정에도 불구하고 전통적 미풍양속의 미명하에 불평등한 법과 불평등한 현실은 계속 존재했다. 이러한 불평등의 문제가 법적으로 제기되기 시작한 것은 1980년대로 오면서이다. 1970년대의 경제성장을 바탕으로 여성근로자가 증가하고 이에 따른 여성노동문제가 제기되기 시작했으며, 1980년대 민주화운동과 함께 여성운동단체들의 활동이 활발해지면서 여성문제에 대한 입법운동이 시작되었다. 이러한 여성계의 입법운동은 1980년대에 국가적 차원에서 설치되기 시작한 여성정책담당 기구들에 의해 입법정책으로 발전할 수 있게 되었다. 특히 한국여성개발원의 여성법학자들과 대학의 여성법학 교수들, 그리고 여성변호사들이 비록 소수이기는 했으나 관련법의 제·개정의 필요성을 연구하고, 전문가로서 자문의견을 제시하였다. 이처럼 정부, 여성운동단체들에게 법 이론적 근거를 제공해온 것은 한국여성입법의 변화 과정에서 법여성학이 당당한 주요한 역할이었다고 할 수 있다.

2) 1980년대

1980년대 후반부터 기존 법의 성차별적 내용을 규명하여 차별적 법을 개정하고, 남녀불평등한 현실을 개선하기 위해 법을 제정하기 위한 운동이 전개되었다. 이 시기에는 실제로 가족법을 비롯한 불평등한 법의 개정과 남녀고용평등법을 비롯한 차별철폐와 평등실현을 위한 법의 제정을 이룸으로써 법을 여성문제 해결을 위한 효과적인 도구로 사용하기 시작했으며 많은 성과도 이룩하였다.

1980년대의 주요 여성입법을 보면, 1987년 헌법개정을 통해 여성근로자의 양성평등과 모성보호, 여성의 복지와 권익향상을 위한 국가의 의무 및 혼인과 가족생활에서의 개인의 존엄과 양성의 평등에 대한 규정이 신설되었으며, 고용상의 평등을 보장하기 위하여 남녀고용평등법이 제정되었다. 1989년에는 양성평등을 위해 호주상속이 호주승계제로 바뀌고, 친족범위가 남녀평등하게 조정되었으며, 재산분할청구권이 신설되는 등 가족법상의 불평등규정이 대폭 개정되었고, 모자복지법이 제정되었으며, 공무원시험령을 개정하여 임용시 남녀차별 규정을 폐지하였다.

3) 1990년대

1990년대 초에는 1980년대의 법적 발전을 바탕으로 가족법개정과 관련한 가사소송법, 세법 등의 개정 및 남녀고용평등법의 개정을 비롯한 기존의 제·개정된 법들의 실효성보장을 위한 제도적 보완을 중심으로 관련법이 제·개정되었다. 그 후 1994년에 성폭력특별법이, 1997년에는 가정폭력에 관한 특별법이 제정되었다. 이는 지금까지는 사적영역의 문제로 여겨져 법이 관여하지 않았던 성·가족 내의 문제 등으로 법적 관심의 영역을 확대시키는 작업을 의미한다. 근대 자유주의 법사상은 개인의 사적 영역은 자율과 자치가 보장되어야하는 영역으로 국가는 간섭하지 않아야 한다고 생각했으므로, 사적 영역에 해당하는 여성 삶의 문제영역에 대한 국가의 공적인 관여인 법의 관여가 취약하였다. 이러한 문제들은 여성을 법으로부터 배제시킴으로써 여성의 억압을 조장하거나 억압으로부터 벗어나고자 하는 여성들의 요청을 무시하는 결과를 가져왔다. 즉 가정에서 가사와 육아를 담당하고 있는 대부분의 여성들이 사적 영역에 속하게 되므로 여성들을 법의 보호로부터 배제하는 결과를 가져왔던 것이다.

따라서 성폭력특별법의 제정과 가정폭력방지및피해자보호등에관한법, 그리고 가정폭력범죄처벌에관한특례법 등 가정폭력에 관한법의 제정은 그동안 사적인 것으로 간주되어온 성문제와 가정 내부의 문제를 사회문제로 인식하고, 이에 대하여 법적 관여를 하게 된 것이라 할 수 있다.

또한 법적 차별을 철폐하고, 법이 평등권을 규정하는 것만으로는 평등이 실현되지 않으므로 평등실현을 촉진하기 위한 여성정책의 기본법으로서 여성발전기본법이 1995년에 제정되었고, 사회 모든 영역에서 성에 근거한 차별을 금지함으로써 평등사회를 이루기 위한 남녀차별금지및구제에관한법률이 1999년에 제정되었다. 동법은 국가 및 지방자치단체에 남녀차별금지의무를 부과하고, 성희롱을 차별로 규정하였으며, 남녀차별을 시정하기위한 남녀차별개선위원회의 설치를 규정하고 있다. 또한 여성기업인을 지원하기 위한 여성기업지원에 관한 법률이 제정되었으며, 공무원의 육아휴직제도, 출산휴가를 강행 규정으로 하는 국가공무원복무규정의 개정이 있었다. 그리고 남녀고용평등법을 개정하여 성희롱 및 간접차별금지조항을 신설하였다.

4) 최근의 변화: 2000년대

2000년대로 들어오면서 한국의 여성관련 입법은 여성부의 신설과 함께 차별적 법의 폐지와 개정에서 평등의 실현을 위한 구체적인 입법으로의 발전을 보여주고 있다.

(1) 적극적 조치의 입법화

2002년과 2004년 정당법을 개정하여 국회의원과 광역지방의회의원 선거에서 각 정당은 비례대표의원 후보자의 50% 이상을 여성으로 추천하도록 개정하였다. 그리고 각 정당은 지역구 후보자 중 30% 이상을 여성으로 추천하도록 노력하여야 하며 이를 준수한 정당에 대하여 보조금을 지급하도록 하였다. 이 결과 2004년 6월 국회의원선거에서 5.9%이었던 여성의원비율이 13%가 되었다.

또한 2001년 여성과학기술인의 양성 및 활용방안을 위한 과학기술기본법, 여성농어업인의 육성을 위한 여성농어업인육성법이 제정되었으며, 2002년에는 우수한 여성과학기술인력을 적극 양성하고 활용하기 위해 여성과학기술인육성및지원에관한법률을 제정하였다. 특히 2002년 여성발전기본법 개정에서 종전의 잠정적 우대조치를 적극적 조치로 명명하고 이에 대한 여성부장관의 권고권과 점검권을 규정하였다. 2003년에는 대학의 교원임용에 있어서 양성평등실천을 위해 교육공무원법을 개정하였다.

(2) 여성부신설과 여성정책담당행정조직의 강화

2001년에는 정부조직법의 개정으로 여성부가 신설됨으로써 여성정책담당행정조직과 업무가 확대되었다. 종전의 여성특별위원회 업무 외에 보건복지부업무였던 성폭력, 가정폭력, 성매매에 관한 업무를 관장하게 되었고, 2004년부터 영유아 보육업무도 이관되었다.

또한 2002년 여성발전기본법 개정에서 각 부처에서 분산 시행되고 있는 여성정책의 효율적인 추진을 위해 국무총리 소속 하에 여성정책조정회의를 설치하고 각 부처에 여성정책책임관을 지정하도록 하였으며, 국가 및 지방자치단체는 소관정책을 수립, 시행하는 과정에서 당해정책이 여성의 권익과 사회참여 등에 미칠 영향을 미리 분석 평가하도록 하였다.

(3) 모성보호비용의 사회화

2001년 근로기준법, 남녀고용평등법과 고용보험법을 개정하여 모성보호비용의 사회분담화와 직장과 가정의 양립지원을 강화하여 실질적으로 모성보호 및 남녀고용평등을 실현하기 위한 제도적 장치를 마련하였다. 한국의 근로여성에 대한 모성정책은 1953년「근로기준법」에서 60일의 유급 산전후 휴가와 유급의 생리휴가로 시작하였으며, 1987년「남녀고용평등법」의 제정으로 무급의 육아휴직제도가 도입되었다. 2001년에 모성정책의 커다란 진전으로 볼 수 있는 모성보호관련법의 개정으로 산전후 휴가기간의 90일로의 연장과 비용일부의 사회화(30일분), 육아휴직의 유급화(고용보험에서 일부보전) 등이 이루어졌다. 그러나 60일분을 아직도 기업이 부담하므로 기업이 여성근로자를 기피하는 원인이 되고 있으므로 이에 대한 비용의 사회화가 계속 요구되고 있다.

최근 한국의 중요한 사회문제의 하나로 저출산의 문제가 제기되고 있으며, 2002년 현재 우리나라 출산율은 1.17%로 세계최하위수준이다. 또한 그동안 여성의 경제활동참가율도 증가되어왔지만 여전히 국제적으로 비교해보면 매우 낮다. 경제성장을 위한 여성의 경제활동참가의 필요성과 급속한 고령화 사회의 문제에 직면한 정부가 뒤늦게나마 근로여성에 대한 모성정책에 관심을 보이기 시작한 것은 매우 다행이라고 할 수 있다. 여성의 낮은 경제활동참가율과 출산율의 저하는 경제활동의 기회와 모성 및 양육지원의 체계가 어떠한가와 관련이 깊다.

최근 영유아보육업무를 여성부로 이관함으로써 보육의 공공성이 강화되고, 남녀근로자들이 직장과 가정을 조화롭게 양립할 수 있도록 양육친화적인 기업환경과 사회문화가 조성될 수 있는 보육정책으로 변화할 수 있는 계기가 될 것으로 기대된다.

(4) 성매매에 대한 사회적 인식의 변화

2004년 성매매알선등행위의처벌에관한법률과 성매매방지및피해자
보호등에관한법률이 제정되었고, 이 법의 제정으로「윤락행위등방지
법」(1961년 제정)은 폐기되었다. 그동안 여성의 타락에 초점을 두었던
윤락행위등방지법에서 사회구조적인 문제로 접근하는 성매매알선처
벌법 및 성매매피해자보호법이 제정되면서 성매매에 대한 사회적 인
식의 변화와 이의 근절에 대한 정책적 의지가 강화되었다. 즉 한국사
회에서 성매매는 불법이라는 것을 분명히 하고, 양자관계로 보았던
성매매를 알선행위가 존재하는 3자관계로 재규정하여 성매매알선행
위를 중점 처벌하도록 함으로써 성산업이 유지될 수 없도록 법적 근
거를 마련하였다. 특히 이 법은 여성단체에서 초안을 마련하여 의원
발의 하였고, 그 후 여성부와 법무부 등 법률소관 부처에서 부처의견
및 수정안을 제시하는 등 제정과정에 정부가 협력함으로써 성공적인
참여형 입법모델을 제시하였다는 평을 받고 있다.

(5) 호주제 폐지를 위한 민법개정안

2004년 호주제 폐지와 관련한 민법개정안이 국무회의의결을 거쳐
정기국회에 제출되었다. 그 주요 내용을 보면 가부장적인 가족제도인
호주제 관련조항을 삭제하고 가족의 범위를 부부와 그와 생계를 같
이 하는 직계혈족 및 그 배우자, 부부와 생계를 같이 하는 그 형제자
매로 재규정하였으며, 자녀의 성은 부성승계를 원칙으로 하되 협의한
경우에는 모성승계도 가능하고 자녀의 복리를 위해서는 가정법원의

허가를 받아 성과 본을 변경할 수 있도록 하였으며, 혼인외의 출생자가 인지전의 성과 본을 사용가능하도록 규정하고 있다. 다만 가족의 범위에 대한 규정이 현재의 다양한 가족의 형태를 수용할 수 없으므로 여성단체의 수정안이 요구되고 있다.

5) 여성관련입법의 효과: 법과 정책의 관계

앞에서 보았듯이 1980년대 후반부터 기존법의 성차별적 내용을 개정하고, 남녀불평등한 사회구조와 현실을 개선하기 위한 입법들이 마련됨으로써 차별로부터 여성의 인권을 보장하기 위한 법적 노력이 있어왔다. 특히 1990년대에 들어오면서 성폭력 및 가정폭력에 관한 특별법이 제정되어 그동안 사적인 문제로 간주되어온 성문제와 가정 내부의 문제를 사회문제로 인식하고 국가적 관여가 이루어진 것이며, 이를 통하여 폭력에 의한 여성인권의 침해에 대한 사회적 인식이 증진되고, 국가의 정책적 노력이 생기기 시작하였다. 그리고 2000년대로 오면서 여성부의 신설과 함께 모성보호와 적극적 조치의 입법화 등 평등실현을 위한 정책을 구체화하는 입법들이 마련되고 있다.

이러한 여성관련 입법을 통해 여성의 권리와 인권이 많이 신장된 것은 사실이다. 그리고 이러한 입법에 근거하여 법원의 판례에도 많은 변화를 가져왔다. 그러나 구체적 규정에서 아직도 호주제와 같은 차별의 뿌리가 그대로 유지되고 있으며, 법과 현실의 괴리도 아직 크다. 평등을 이루는 문제는 사회적 관계의 변화를 요구하는데 이는 법규정의 변화만으로는 어려우며, 사회적 규범과 사회적 제반여건이 변화되는 것이 그 전제이다.

  그동안의 여성관련 법의 제정 및 개정 과정을 보면 많은 경우 법을
개정하거나 제정했다는 상징적 의미가 클 뿐, 실제로 그러한 법의 제
정과 개정으로 불평등을 철폐하고 평등을 실현할 수 있는 구체적인
효과를 가져올 수 있는 법의 규제력과 이행력은 매우 취약했다. 여성
이 정말로 독립적으로 평등할 수 있으려면 성별분업과 역할고정을
철폐하는 법정책적 조치가 필요한데, 이는 많은 비용이 들고 사회전
체의 다른 제도들과 관련되어 있다. 따라서 이를 정치적으로 얼마나
원하는가와 깊이 관련되므로 여성들의 정치적인 힘이 필요하다. 법의
제·개정, 그리고 법의 해석과 집행의 모든 과정에 여성의 참여가 늘
어야하는 것이 그 이유이다.
  차별과 폭력으로부터 여성의 인권이 보장되고, 양성평등한 사회가
이루어지려면 남녀의 교육과 발전에 있어서의 동등한 접근권의 보장,
사업, 일, 고용조건에 있어서의 남녀의 동일한 조건의 보장, 경제적
독립의 달성을 위한 동일한 기회의 보장, 가정과 자녀에 대한 책임의
분배, 권한과 영향력의 동일한 분배, 성적인 폭력으로부터의 해방 등
권리, 기회, 책임에서의 성평등이 전제되어야 한다. 이를 위하여 국가
의 매우 다면적인 정책이 필요하다.
  일과 가정을 남녀가 균형적으로 꾸릴 수 있는 친가정적인 직장의
구조가 이루어지면 남녀의 성역할의 변화도 가능해 질 것이다. 가정
에서의 여성의 불평등한 책임은 사회에서의 여성의 불평등한 기회를
가져오며, 직장에서 평등이 실현되지 않으면 이것이 다시 가정에서의

불평등한 역할을 부추기게 된다. 따라서 친가정적이고 유연한 직장구조와 문화로의 변화가 매우 필요하다.

또한 국가의 모든 정책의 모든 단계와 수준에서 성평등의 관점을 통합하는 것을 목표로 하는 모든 공공정책과정의 재구조화, 재조직, 개선, 발전, 평가가 수반되어야 한다. 따라서 남녀의 삶의 균형을 만들어줄 수 있는 성 균형을 이루기 위하여 직장구조, 공공정책, 성역할 등을 재구성해야하는 과제를 법의 역할로 삼는 것이 법여성학의 새로운 과제이다.

그동안 페미니즘 이론은 기존의 법학에 대한 비판적 관점을 제시하였고, 여성의 관점에서 법을 보게 하였으며, 법현실에 관심을 갖고 실천적인 법학을 요구하는데 기여하였다. 페미니즘 운동은 법을 평등실현을 위한 사회변화의 도구로 사용하면서 여성관련 법의 제·개정 등 입법활동을 통하여, 그리고 소송을 통하여 여성의 권리를 확대하기 위한 전략으로 의미있게 사용하였다고 할 수 있다. 다만 법 자체가 남성중심적이고 가부장적 질서를 유지하는데 기여하므로 법을 평등실현을 위한 도구로 사용하는 것에 대한 회의적인 견해도 있으나, 법만으로 여성의 불평등을 끝낼 수는 없어도 여성의 불평등을 끝내기 위하여 법이 매우 유용한 도구임에는 틀림이 없다. 법은 이 사회의 변화의 주요 구성요소이기 때문에 법의 변화는 필수적이기 때문이다.

따라서 단기적으로는 현재의 법기능 안에서 불평등을 평등하게 하는 법 평등을 증진할 수 있는 방안을 법적으로 보장하는 연구를 통하여 여성의 권리를 더 보장하면서 평등실현에 기여하고, 장기적으로는 새로운 법구조의 재구성을 목표로 해야 한다고 생각한다. 이를 위해서는 여성이 평등한 법의 구조를 만들 수 있는 영향력을 법시스템 안에서 가질 때 가능하다.

4. 여성정책의 중심: 성주류화(gender-mainstreaming)정책

성주류화는 남녀평등이라는 궁극적 목표를 이루기 위한 근본적인 전략이다. 여성이 사회전체의 모든 분야에서 충분히 참여하고, 각종 정책 및 프로그램에 성 관점이 통합되며, 그리하여 사회발전의 목표와 원리, 운영방식과 절차가 변화되는 것을 의미하는 사회시스템운영의 새로운 패러다임이다.

따라서 모든 분야, 모든 단계의 모든 정책에서 성평등의 관점을 통합하는 것을 목표로 하는 정치과정의 재조직, 개선, 발전, 평가를 의미하며 그동안 별첨 내지 부가적인 정책이었던 여성정책에서 모든 국가정책에 젠더 관점이 통합되는 성주류화를 통하여 양성관계의 새로운 정립이 가능해진다.

1) 기존 여성정책과 성주류화의 비교

기존의 여성정책이 여성문제에 대한 개인적인 해결에 관심을 가졌다면, 성주류화 정책은 여성문제의 많은 원인이 사회구조적인 것에 기인하므로 사회구조의 변화를 목표로 한다.

따라서 여성정책에 대한 패러다임의 변화라고 할 수 있는데, 이 둘의 관계는 서로 갈등관계가 아니라 상호 보완적이며, 그래서 종전의 여성에 대한 특별한 정책과 성주류화 정책은 병행적일 때 효과적이다. 이를 비교해보면 다음 도표와 같다.

	여성정책	성주류화
중심시각	여성	여성과 남성 / 양자의 관계
담당부서	여성성책부서	모든 정책부서
정책의 초점	여성의 불이익 / 불평등의 문제	모든 정책적 결정 (표면적으로는 성특정적인 문제가 없어보이는 정책도 포함)
정책의 범위	단기적 / 단편적 / 문제중심	포괄적 / 장기적
도구와 수단	반차별법	성분석 / 성인지 교육
정책목표	불평등→평등	사회시스템의 변화
구조적 차별의 철폐	불가능	가능

2) 성주류화의 필요성

지금까지의 국가정책은 대부분 성중립적이라고 보았다. 그러나 남녀 모두에게 평등하다는 것은 실제 삶의 상황이 다른 남녀에게 동일한 조치를 취하면 그 효과는 차별적이 되는 것을 간과한 것이다. 예를 들어 시간제, 비정규직, 저임금근로자에 대한 노동정책은 성중립적이지만 이들 대부분이 여성근로자라는 현실이 노동정책의 성차별을 가져온다.

하나의 성을 중심으로 한 문화를 폐기하고, 남녀의 동등한 대표성에 의하여 경직되고 비생산적인 직업구조와 문화를 바꿀 수 있는 성주류화 전략은 다음에 근거한다.

① 모든 사회영역에서의 평등대우와 평등참여에 대한 권리는 기본적 인권이다. 이는 민주국가의 기본가치에 근거한 의무이며, 남녀에게 가능한 한 최고의 기회의 정의를 이루어준다. 모든 사회영역에서의 남녀의 평등한 참여와 분배는 민주주의의 완전한 실현을 의미한다.

② 남녀의 균등한 참여가 이루어지는 사회는 그 사회에서의 정의를 증진시킨다. 기회의 평등만으로 기회의 정의가 이루어지는 것은 아니다. 서로 다른 삶의 조건과 전제 하에서 평등한 기회만으로 자동적으로 삶의 기회에 대한 정당한 분배를 가져오지는 않는다.

③ 정치에의 남녀의 평등한 개입은 새로운 정치와 사회의 발전을 의미한다. 정치, 행정의 효율성을 높이며, 성차에 근거한 행정계획과 그 실행은 양성 간의 기회의 정의를 목표로 성 차이적인 정치, 행정 작용을 함으로써 정치와 행정의 효율을 높인다. 따라서 유럽국가에서는 성주류화가 국가행정개혁의 주요 내용으로 통합되고있다.

④ 여성의 노동과 창조와 결정의 힘은 경제와 사회의 경쟁력을 위

하여 필요불가결하다.

⑤ 평등지위는 다양한 관점에서 남녀의 삶의 질을 고양시키며, 고유한 삶의 형태를 결정할 수 있는 자유를 증진하고 후 세대를 위한 새로운 삶의 관점을 제시한다.

3) 성주류화의 효과

① 성주류화의 효과는 남성과 여성 모두에게 미친다.

② 조직의 발전과 현대화를 가져온다.
• 인적자원의 최대화 : 능력의 최대화/ 커뮤니케이션의 개선/ 만족도의 증가
• 성과의 최대화 : 문제해결능력의 발전/ 생산적 직무능력의 향상
• 개혁적/ 효과적/ 창조적 가능성이 커짐

③ 성주류화는 조직에서의 차이의 관리를 효과적으로 함으로써 사회문화적 차이그룹간의 갈등을 최소화한다.
• 다양성의 확산
• 모든 기능과 지위에서의 여성의 접근가능성 확대
• 비공식적 커뮤니케이션구조와 네크워크에 여성의 통합
• 직·간접 차별과 편견의 제거

④ 성주류화는 사기업에도 매우 유용한 전략이다.

- 최근 경영에서 논의되는 "다양성 관리(diversity management, 직원의 다양화 / 고객의 다양화를 추구하는 기업전략)"에 적합하다.
- 다원적 직원의 구성은 아이디어의 다양함, 창조력, 전혀 다른 잠재력, 높은 능력, 변화에 대한 유연한 적응력 등의 장점을 갖는다.
- 다양한 연령의, 다양한 삶의 상황에 있는 남성, 여성으로 구성된 직원은 다양한 고객을 반영할 수 있어 보다 생산성이 높아진다.
- 여성과 남성의 다른 경험과 능력과 자격이 함께 작용되면 기업의 효율성은 더 높아진다
- "다양한 관리(diversity management)"는 남녀 근로자 모두에게 직장과 가정의 양립을 가능하게 해주는 것이 요구되며 이를 통하여 성역할에 대한 전통적 역할이 철폐되게 된다.

⑤ 양성관계를 새롭게 형성한다.

4) 성주류화 정책과 여성의 참여지원을 위한 적극적 조치

사회의 모든 분야에서 여성의 양적, 질적 참여확대를 위한 적극적 조치 등의 지원정책은 계속 필요하다. 성주류화는 필요한 경우 특별지원정책 등 기존의 여성정책과 병행하는 이중 전략이다. 특히 지금까지의 여성지원정책들이 여성에 대한 차별을 개인적인 차원에서 구제하는데 관심을 가졌다면, 성주류화 정책은 이들 문제에대한 원인을 사회구조적인 문제로 보고 사회구조를 변화시키기위한 접근을 시도하는 정책이므로, 기존의 정책을 보완하고 강화시켜주는 정책이다.

5) 여성리더쉽이 정책에 미치는 영향: 공공정책/여성정책

성주류화 정책은 여성의 정책결정직에의 참여를 증진시키고 있다. 선진국의 연구에서는 정책결정과정에 여성의 참여가 늘어나면서 여성의 참여가 정치적 의제와 정치적 스타일의 변화를 가져오고 있는지, 변화를 가져온다면 어떤 변화인지에 대해 많은 관심을 보이고 있다. 여성의 정책 결정직에의 참여 수준에 따라, 입법부, 행정부, 사법부 등 그 정책의 영역에 따라, 그리고 연구의 규모에 따라 통일적이지 않은 다양한 분식을 볼 수 있다.

성주류화 정책이 많이 발전된 유럽국가들의 예를 보면 스웨덴, 덴마크, 노르웨이, 네델란드, 독일, 스페인, 영국, 아일랜드, 이태리, 프랑스 등의 10개국의 여성국회의원 평균비율은 1945년 5.8%에서 1970년 6.8%, 1980년 12.1%, 1990년 19.3% 1999년 25.7%로 꾸준히 증가되어왔다. 유럽연합을 중심으로 최근 여성의 정치결정직에의 참여는 더욱 늘어나고 있는데, 유럽연합의 최근 통계에 의하면(2004년 6월) 유럽의회의원 563명중 여성의원이 222명으로 28%를 차지하고 있으며, 유럽위원회는 22명 위원 중 7명이 여성으로 24%이다. 회원국들의 개별국가상황을 보면 행정부의 장관비율이 최고로 높은 나라가 스웨덴으로 52%이며, 40%가 넘는 나라가 스페인, 핀란드, 독일, 노르웨이이고 30%가 넘는 나라는 벨기에 룩셈부르크, 네델란드 등이다. 국회의 경우에는 스웨덴이 45%.노르웨이가 40%이며, 네델란드, 덴마크, 핀란드, 벨기에, 스페인, 오스트리아, 아이슬랜드 등이 30%가 넘는 국가들이다.

이러한 변화 속에서 여성국회의원들로 의해 국회의 입법활동에 어떤 변화가 일어나고 있는가? 이에 대해서는 형평과 민주적 정의에 더 관심을 갖고, 여성의 이익을 대변할뿐만 아니라 모든 정책주제에 전문성을 가지고 능력을 나타내고 있다는 긍정적인 분석이 나오고 있다. 공정함과 사회적 약자그룹에 대한 관심과 환경친화적 내지 평화친화적이라는 긍정적인 평가도 보인다. 미국의 경우는 특별히 법조에서의 여성참여가 괄목하게 늘고 있는데 이에 대하여 여성의 리더십에 대한 분석이 의미있게 보인다.

여성이 왜 리더로서의 역할에서 저대표되고 있는지에 관심을 가진 연구들에서는 주로 여성특유의 리더십이 있는가에 초점을 맞추고 남녀의 차이에 관심을 갖는 개인적인 분석과 사회구조적인 젠더의 차이에 관심을 갖는 분석이 있다. 최근 여성의 정책 결정직에의 참여가 증가되면서 나오는 분석에는 여성적인 가치의 리더십을 긍정적으로 평가하는 경향이 있지만 여성적 가치의 강조가 가져오는 함정이 있기 때문에 여성의 차이를 사용해서 리더십의 차이를 만들어내는 새로운 관점에 관심을 보이는 경향이 나타나고 있다.

5. 한국의 성주류화 정책

1) 성주류화 정책 현황

2002년 여성발전기본법개정에서 국가 및 지방자치단체는 소관정책을 수립·시행하는 과정에서 당해정책이 여성의 권익과 사회참여 등에 미칠 영향을 미리 분석·평가하여야 한다(제10조)는 규정이 신설되었으며, 이에 따라 여성부장관은 중앙행정기관 및 지방자치단체의 소속공무원을 대상으로 정책의 분석, 평가업무에 필요한 교육을 실시할 수 있으며, 분석·평가의 방향, 절차, 대상정책 및 세부기준 등에 관한 지침을 마련하여 중앙행정기관 및 지방자치단체의 장에게 알려야 하며, 중앙행정기관 및 지방자치단체의 장은 위 지침에 따라 정책의 분석, 평가계획을 수립·시행하고 분석·평가계획 및 분석, 평가결과를 여성부장관에게 제출하여야 하게 함으로써 국가와 지방자치단체의 모든 정책의 수립, 시행에서 성인지적인 분석과 평가에 대한 법적 기반이 마련되었다.

최근 여성부가 국회여성위원회에 보고한 바에 의하면 성별영향분석평가제도와 관련하여 정책분석, 평가자문위원회를 구성하고 성별영향분석평가지침을 만들어 정부기관에 보급할 예정이며, 보건복지부, 노동부, 농림부, 과학기술부, 문화관광부, 서울특별시, 전라북도 등에 대하여 주요 국정과제에 대한 시범평가를 실시할 예정이라고 한다. 그리고 성인지적 통계교육프로그램의 개발과 공무원교육을 위한 성별영향평가 전문과정 교육프로그램의 개발과 교육 등을 계획하고 있다.

2) 평가 시스템 : 여성정책조정회의와 여성정책책임관

(1) 여성정책조정회의
여성정책에 관한 주요사항을 심의·조정하기 위한 국무총리소속하의 여성정책조정회의는 여성정책기본계획 및 시행계획에 관한 사항, 2이상의 행정기관에 관련되는 사항, 여성정책의 평가 및 제도개선에 관련되는 사항, 남녀평등을 실현하기 위한 적극적 조치의 시행에 관한 사항 등을 심의·조정하는 기구이다. 위원장은 국무총리이며, 부위원장은 여성부장관이 되고, 위원은 재정경제부, 교육인적자원부, 법무부, 행정자치부, 과학기술부, 농림부, 산업자원부, 보건복지부, 노동부, 기획예산처장관 그리고 국무조정실장, 국정홍보처장으로 구성된다.

(2) 여성정책책임관

중앙행정기관의 장은 당해기관의 여성정책을 효율적으로 수립, 시행하기 위하여 기획관리실장 또는 이에 준하는 직위의 공무원을 여성정책책임관으로 지정하여야한다. 여성정책책임관의 주요 임무는 ① 당해기관의 연도별시행계획의 종합·조정 및 추진실적의 점검 ② 법제10조의 규정에 의한 정책의 분석·평가에 관한 사항 ③ 당해기관의 여성공무원의 지위향상 등이다.

3) 과제

가정과 사회 모든 부분에서의 남녀의 삶의 균형을 만들어줄 수 있는 성균형을 이루려면 직장구조, 공공정책, 성역할 등이 재구성되어야 한다. 이를 목표로 성주류화 전략을 치밀하게 실천하는 것이 앞으로의 여성정책의 과제라고 생각한다. 이를 위하여는 경제정책, 노동정책, 교육정책, 사회복지정책, 가족정책, 조세정책, 건강정책 등 국가의 모든 정책에서 성균형을 목표로 하는 정책의 변화가 이루어져야 한다.

따라서 한국의 여성부는 앞으로 성주류화의 핵심부서로서 모든 정책의 양성평등을 달성하기 위하여 모든 정책의 전 과정에 대한 젠더 통합을 점검하고 평가하는 역할, 성주류화를 위한 인력을 교육하는 기관의 역할, 성주류화에 대한 자문, 상담, 정보·교육·연구 등의 전문기관의 역할을 담당해야한다. 또한 여성정책책임관은 성주류화를 위한 각 부처의 핵심부서로서의 역할을 해야 할 것이다.

제2장

신자유주의 정책의 생산과 여성주의 개입의 정치학

조 순 경

1. 서론

우리나라에서 신자유주의가 정책적으로 구체화되기 시작하기 시작
한 것은 IMF 관리 체제 이후로, '오염된' 국가 정책의 실패에 대한 대
안으로 시장이 제시되었다. 이에 따르면 국가의 시장에 대한 간섭과
규제는 시장의 자율성을 억압하고 자원의 효율적 배분을 저해하기
때문에 가능한 모든 영역에서 탈규제화가 이루어질 필요가 있다고
보는 것이다. 노동시장의 경우, '경직된' 노동시장에 대한 대안으로
'유연성'이 제시되었다.

노동시장 유연화의 대표적인 경우는 정규직의 비정규직화라 할 수
있다. 국내 신고전주의, 신자유주의 학자들과 경영자 단체는 비정규
직의 증가가 시장 원리에 의한 자연스러운 것이며, 거스를 수 없는

세계적 추세이고, 따라서 노동시장에 대한 정부의 규제는 최소화되어야 한다는 주장을 표명해 왔다. 비정규직 노동에 대한 공급과 동시에 수요가 존재한다는 것, 그리고 주변적인 업무에 비정규직을 활용하는 것은 비용 절감과 기업의 경쟁력에 도움이 된다는 것이 이러한 논자들의 주장이다. 그러나 이러한 주장은 경험적으로 확인되지 않고 있다.

오히려 경험적으로 확인되는 사실은 ① 비정규직의 증가는 노동조합 조직력과 노동운동이 약화되는 시점과 지역, 산업부문에서 일어나고 있으며, ② 비정규직의 활용이 반드시 기업의 비용 절감에 도움이 되지 않는다는 사실, 그리고 ③ OECD 국가들에서 비정규직의 증대가 심각한 사회 정치적 의제로 대두되면서 노동시장에 대한 정부의 규제가 늘어나고 있으며, 동시에 비정규직의 규모가 늘어나지 않거나 증가 추세가 완만해지고 있다는 사실이다. 이러한 사실들은 비정규직의 증가를 시장 원리로만 설명할 수 없다는 것, 그리고 비정규직의 증가가 세계적인 추세이기 때문에 불가피한 것이라는 주장이 한계가 있음을 말해준다.

세계화의 진전과 더불어 각 지역, 나라별 노동시장의 성격이 점차 동질화되어 가는 경향이 있지만 각각의 사회에서의 노동시장의 세부적인 내용은 매우 다른 모습을 보인다. 노동시장 유연화 모델은 우리나라의 경우 비정규직의 양산과 노동시장에서의 여성 노동력의 주변화의 주 요인으로 비판 대상이 되어 왔다. 그러나 노동시장 유연화 모델이 여성에게 어떠한 결과를 가져오는가는 그것이 작동하는 조건과 맥락에 따라 매우 다른 모습을 띤다. 그러한 조건 가운데 주목해야 할 것 중의 하나는 노동 시장 내의 성별 권력관계, 그리고 그를 둘러싼 성별 정치이다.

우리나라의 비정규 노동의 문제는 '유연화'의 문제라기보다는 '차별'의 문제이다. 즉 차별을 정당화하는 방법으로 비정규 고용이 활용되고 있으며, 여성들이 비정규 직종에 집중적으로 분포되어 있음으로 인해 여성에 대한 차별 또한 합리화되고 있는 상황에 있다. 이러한 분석은 우리사회 비정규직 문제 해결에 있어서 가장 중요한 방법 중의 하나는 정규직에 대한 비정규직의 차별적 대우를 어떻게 예방할 수 있는가에 있다.

여성이 비정규직의 다수를 구성한다는 점에서 비정규 노동의 문제는 성별 정치의 문제로 규정할 수 있다. 그럼에도 불구하고 국내에서 비정규 노동의 문제를 여성주의적 시각에서 조명하거나, 성별 정치의 차원에서 체계적으로 논의한 바 없다. 여성과 관련시킨 경우 상당부분은 비정규직이 주로 여성들로 구성되어 있다는 점(권혜자, 1998; 김유선, 2001; 김태홍, 1999) 그리고 비정규직이라는 이유로 근로조건의 악화와 모성보호를 제대로 받지 못한다는 점을 강조해 왔다(윤진호, 정이환, 홍주환, 서정영주, 2001). 미국과 유럽 등 비정규직 문제가 우리보다 일찍 사회문제화된 경우 지난 수년간 비정규직의 성별성 문제에 대한 연구는 지속적으로 되어 오고 있다(Spalta—Roth and Hartman, 1998; Tilly, 1992; Cobble and Vosko, 2000).

여성 비정규직에 대한 국내외 연구들의 특징 가운데 하나는 노동 시장의 최하위층을 점하는 여성 비정규직을 수동적 실체로 그리고 있다는 점이다. 여성 비정규직은 조직화의 대상이고, 정부 정책의 보호 대상이며(김태홍, 1999; 노동부, 2000; 어수봉, 1994; 노동연구원, 2000; DuRivage, 1992; Hudson, 1999; 김유선, 2001) 따라서 그들의 삶의 조건은 노동운동의 운동 방향(이주희, 이성균, 2003)과 국가 정책의 향방에 의해 결정된다고 보는 것이다. 대부분의 연구들은 노동운동 지도부의 정책(윤진호 등, 2001)이나 경영계의 주장(전국경제인연합회, 2001), 그리고 국가 정책 결정자의 정책방향(노동부, 2000; 안주엽, 2000)에 주목할 뿐 정작 비정규 여성들이 여성으로서의 구체적인 경험이나 그것이 정책적으로 시사하는 바에 대해서는 관심을 기울이지 않아 왔다. 또한 대부분의 비정규 여성에 대한 연구들은 사례 중심의 기술적인 연구(민주노총, 2000; 전국여성노동조합, 2000)에 그치거나 또는 거시적인 총량 통계 차원에서 논의되어 왔다.

그러나 비정규직 여성들은 초국가적 자본이나 가부장적 국가와 노동조합의 움직임에 적극적으로 대처해 왔다. 우리나라에서 고용 불안정을 야기하는 노동시장 유연화 정책에 가장 먼저, 가장 강하게 저항해 온 집단이 여성 비정규직이었다.

외국의 경험을 통해 볼 때, 비정규 노동은 각 사회의 노동시장의 성격, 그리고 그러한 노동시장의 구성에 영향을 미치는 국가정책과 노동조직의 운동 방향, 여성운동 및 시민운동의 성격과 노동시장 개입정도에 따라 매우 다양한 모습을 구성한다. 예를 들어, 유럽이나 미국의 경우와 달리 우리나라 비정규 노동의 다수를 차지하는 단시간 근로 및 기간의 임시 일용직의 특성은 명목적, 신분제적 성격을 띤다는 데에 그 특징이 있다. 이러한 우리 사회 비정규직의 특성으로 인해 우리사회에서 비정규 노동은 없어져야 할 '사회적 악'으로 논의되고 있는 부분이 적지 않다. 그러한 인식에 기반하여 우리나라 노동계가 제시하는 가장 바람직한 대안은 '비정규직의 정규직화'이다.

여성의 노동경험을 통해 볼 때 비정규 노동은 매우 다른 차원에서 이해될 수 있다. 즉 단시간 노동, 기간의 정함이 있는 노동 등 비정규 노동은 그 노동이 이루어지는 조건에 따라 노동자들의 생활의 유연성을 높이고 노동단절을 최소화하며, 노동조건을 향상시키는 방향으로 이루어질 수 있다. 이러한 관점은 유럽 국가들에서 쉽게 발견할 수 있다.

독일, 스웨덴 등의 유럽연합소속의 기업과 정책 당국은 수년 전부터 임시직 등 비정규 고용이 가족 친화적일 수 있으며, 또한 그러한 방향으로 이루어져야 함을 인지하고 가족 친화적인 노동 유연화 정책을 시행해 오고 있다. 가족 친화적 고용정책은 미국뿐 아니라 영국 등 노동시장 (수량적)유연성의 정도가 높은 나라들에서 주요한 정치적 사안으로 등장하고 있다는 것, 그리고 가족 친화적 경영 전략에 대한 관심을 가지는 기업들의 수가 증가하고 있다는 것은 이러한 가능성이 현실적임을 말해 준다. 이들 기업들은 노동자의 복지 그리고 가족 친화적 정책이 작업장 능률에 긍정적인 영향을 미친다는 사실에 주목하고 있다. 노동자들이 시간제 고용과 임시 고용을 가족 친화적 방식으로 사용하도록 하는 것은 대표적인 예이다.

최근 국내외의 비정규직 관련 정책들(Carre, 2000; 한국비정규직노동센터, 2003; 신인령, 2002)에서 주목할 점은 여성 노동자의 저항의 정도와 내용, 그리고 여성주의 진영의 국가 정책과 노동운동에의 개입 방식과 내용에 따라 비정규직 여성들의 삶의 조건이 달라진다는

것이다. 이 글에서는 노동조합운동이 여성친화적 비정규 노동정책을
주도하는 역할을 한다는 전제 아래, 우리 사회에서 노동조합이 비정
규직 문제를 어떻게 다루어 왔는지, 여성친화적 비정규직 정책을 생
산하는 데에 있어서 어떠한 조건이 필요할 것인가에 대해 논하고자
한다.

2. 신분으로서의 비정규직

비정규 노동은 정규직 노동에 대비되는 의미로 이해되고 있어 적
극적인 방식으로 개념 정의하기가 쉽지 않다. 즉 고용관계와 사용관
계를 동일하고, 고용 기간을 정하지 않은 고용관계를 맺으며, 법정 근
로시간인 주 44시간의 전일제 노동을 하며, 노동의 제공자가 근로기
준법 등의 법적 보호 대상이 되는 경우를 정규직 노동으로 지칭한다
면, 비정규 노동은 이러한 노동의 성격에서 벗어난 모든 형태의 노동
을 지칭한다. 이에는 시간제 또는 단시간 노동, 기간의 정함이 있는
임시고, 계약직, 아르바이트, 촉탁직 및 일고 형태의 노동, 사용관계
와 고용관계가 분리되어 있는 파견 노동, 형식적으로는 독립 계약 방
식으로 노동을 제공하는 독립계약자(independent contractor) 또는 특정
한 양의 일을 위탁, 위임받아 수행하는 노동 등이 비정규 노동으로
규정되고 있다.[1]

---

1) 외국의 경우 비정규 노동은 contingent, atypical, nontraditional work, nonstandard
   work 등의 개념으로 사용되고 있으며, 각 개념마다 약간씩 다른 정의를 하
   고 있다. 예를 들어 미국에서는 contingent work을 고용의 지속성 여부를 기준

우리 사회 비정규직 노동자의 규모를 알수 있는 공식 통계는 존재하지 않으나 현재 상태에서 규모를 추정할 수 있는 가장 적절한 자료는 통계청의 경제활동인구조사 자료와 고용구조조사 자료이다. 일반적으로 임시 일용고의 규모를 비정규직 규모로 추정하고 있으나 이러한 자료는 실제 비정규직의 규모보다 과소 추정된 것이라는 점을 인식해야 할 것이다. 독립계약자나 가내 노동자 등 자영자로 조사된 노동자의 다수가 실질적으로는 비정규 노동의 성격을 띠기 때문이다. 그러나 통계청의 상용, 임시 일용고의 분류 기준은 일정 정도 명목적인 임시고와 일고를 파악할 수 있도록 되어 있다(권혜자, 1998).

반면 노동부의 자료는 비정규직 규모나 실태 파악이 가능하지 않을 뿐 아니라 오히려 실태를 왜곡, 은폐할 가능성마저 있다. 노동부의 노동통계조사의 조사 대상은 상용근로자 10인 이상 사업체이고, 종사상의 지위에 따른 분류는 상용근로자와 시간제 근로자로 나눈다. 상용근로자는 "임금을 목적으로 근로를 제공하는 자로서, ① 기간을 정하지 않거나 1개월 이상의 기간을 정하여 고용되어 있는 자, ② 임시 또는 일용근로자로서 조사기준일 이전 3개월을 통산하여 45일 이상 사업체에 고용된 자, ③ 중역과 이사 등의 임원이라도 상시 사업체에 출근하여 피고용자로서 일정한 직무에 종사하고 임원으로서의 보수 이외에 급여 규정에 의거 매월 급여를 지급받는 자, ④ 개인업체에서 사업주의 가족이라도 당시 그 사업체에 근무하여 일반 근로자와 같

으로 판단하고 있으며, 이러한 고용 형태의 실태를 조사하는 설문지의 문항도 응답자가 자신의 현재 일자리가 지속될 수 있다고 생각하는가 라는 방식으로 구성되어 있다.

은 급여 규칙 또는 같은 기준으로서 매월 급여를 지급받는 자"이다. 시간제(part-time) 근로자는 "기간을 정하여 그 기간 동안 또는 기간의 정함이 없이 계속 고용이 보장되는 자로서 1주의 소정 근로일수 또는 소정 근로시간이 당해 사업체의 동종 업종에 종사하는 통상의 상용근로자의 정상근로일수 또는 근로시간 수에 비해 상당한 정도 짧은 자"로 규정되어 있다. 이러한 노동부의 '상용'과 '시간제' 구분 기준은 내용상 상호 배타적이지 않을 수 있으며, 보다 중요한 것은 우리 사회 비정규직의 실태 파악에는 전혀 적절하지 않은 방식으로 개념화되어 있다는 것이다. 특히 명목적 시간제나 임시직 등 비정규직 파악은 이러한 개념으로는 전혀 가능하지 않다.

통계청의 경제활동인구 부가조사 결과에 의하면 2003년 8월 현재 비정규직 규모는 784만명(임금노동자의 55.4%)이고 정규직은 631만명(44.6%)으로, 전체 노동자의 절반 이상이 비정규직이다(김유선, 2003). 비임금 노동자 가운데 비정규 고용 형태의 노동자 수까지 합친다면 전체 비정규직 규모는 이보다 더 커진다. 비정규직의 규모 증가와 함께 주목해야 할 사실은 비정규직이 특정 산업, 직종, 학력, 연령층에 집중적으로 분포되어 있다는 것이다. 성별 분포를 보면, 전체 여성 임금 노동자 대비 여성 비정규직의 비율은 남성의 두배 정도에 달한다. 2003년 8월 현재 남성의 경우 정규직 452만(54.6%), 비정규직 376만명(46.8%)으로 정규직이 많다. 반면 여성의 경우는 정규직이 179만명(30.5%), 비정규직이 408만명(69.5%)으로, 비정규직이 2배 이상 많다. 여성 노동자 10명가운데 7명이 비정규직인 것으로 나타난다. 이러한 비정규직 비율은 90년대 이후 지속적으로 증가해 오고 있으며 IMF

관리체제 이후 이전 보다 더욱 빠른 속도로 늘어나고 있는 것으로 관찰된다. 이러한 사실은 여성의 경우 임신, 출산 이후 정규직으로 취업할 가능성이 남성에 비해 크게 제약되어 있다는 것, 그리고 여성의 비정규직화는 출산, 양육이 중요한 요인일 수 있다는 점을 말해 준다.

우리나라 비정규 노동의 다수를 차지하는 단시간 근로 및 기간 정함이 있는 임시 일용직의 특성은 명목적, 신분제적 성격을 띤다는 데에 그 특징이 있다. 이는 한편으로는 비정규직이 정규직 대체를 위해 사용되고 있다는 것을 말해 준다. 기존의 여러 실태조사에서 공통적으로 드러나는 사실 가운데 하나는 비정규직의 상낭 비율이 정규직을 대체하고 있다는 것, 그리고 현재 비정규직 노동자의 다수는 이전에 정규직으로 일하던 사람들이라는 것이다. 이는 우리사회에서 비정규직이 노동법과 근로기준법등의 적용을 피하기 위해 탈법적, 불법적인 형태로, 저임금 노동력으로서의 활용이 주 목적이라는 것 말해 준다.

1) '유연한 차별': 성차별에서 고용형태 차별로

우리나라 비정규 노동의 특징은 ① 성별, 직종, 산업별로 매우 불균등한 분포를 보인다는 것, ② 명목상의 비정규 노동이 큰 비중을 차지한다는 것, 그리고 ③ 비정규 노동의 증가 원인이 기업의 노동력의 탄력적이고 유연한 활용 목적보다는 임금절감을 목적으로 하고 있다는 것이다. 이러한 비정규 노동의 특성은 노동 시장 및 가정에서의 성별관계에 직접적인 영향을 미친다. 비정규 노동에 대한 다양한 형태의 차별은 고용형태의 차별을 통한 성차별을 야기한다는 점에서 간접적이고 체계적인 차별을 고착화시키고 있다고 할 수 있다. 즉 차별을 정당화하는 방법으로 비정규 고용이 활용되고 있으며, 여성들이 비정규 직종에 집중 분포되어 있음으로 인해 여성에 대한 차별 또한 합리화되고 있는 상황에 있다.

그러나 우리나라의 노동운동과 사회운동의 역사는 '차별' 문제를 우선적인 운동의 과제로 삼지 않아왔다. 노동운동의 경우 경제주의적 조합주의의 영향으로, 그리고 사회운동의 경우 민족주의적 운동 방향으로 인해 개인에 대한 차별은 주요한 운동 사안으로 설정되어 오지 않아 왔다. 우리사회 비정규 고용의 위험성에 대해 가장 먼저 문제제기한 주체가 여성운동과 여성노동운동계였다는 사실은 이러한 맥락에서 이해될 수 있을 것이다.

비정규 노동 운동에서 가장 빈번하고 중요하게 제시되는 해결방안이 차별 해소보다는 '비정규직 철폐'나 '비정규직의 정규직화'인 부분적인 이유가 여기에 있다고 판단된다. 균등대우 원칙 등이 최근 비정규직 보호를 위한 법 개정 운동의 내용에 포함되어 있기는 하나 그러한 원칙의 제시 자체가 실질적인 차별 해소로 이어질 것으로 보이지 않는다.

여기서 중요하게 지적될 점은 차별의 문제로서 여성 비정규직 문제를 볼 때 현재의 법 제도상으로도 이러한 비정규직 여성노동에 대한 차별을 상당부분 해결할 수 있다는 점이다. 문제는 남녀고용평등법이나 근로기준법의 균등처우 조항이 얼마만큼 현실화되는가의 문제이다. 법 집행이 어느 정도 공정하게 이루어지는가가 성차별로서의 여성 비정규직 문제를 해결하는 일차적 과제이다.

2) 여성의 비정규직화: 고용형태에 의한 간접 차별

1990년대 여성의 평생평등 노동권의 확보를 지향하는 여성운동 및 여성노동운동의 진전과 남녀고용평등법의 실시로 노동시장에서의 성차별 문제는 꾸준한 속도로 변화되어, 직접적으로 성을 매개로 한, 의도적이고 직접적인 성차별은 감소, 약화되어 왔다. 예를 들어, 여행원 제도의 철폐, 농일 노동 동일 임금 실현 과제의 하나인 분리 호봉 체계에서 단일 호봉체계로의 전환, 결혼 및 임신 출산 퇴직제 및 여성 조기정년제 등 직접 차별은 점차 줄어들고 있다. 그러나 직접적인 성차별이 법적 제재의 대상이 되는 남녀고용평등법의 법망을 피해갈 수 있는, 새로운 형태의 성차별이 노동시장 유연성 제고라는 이름 아래 정당화 되어왔다. 신인사제도, 정규직의 비정규직화, 남성중심적 능력 판단 기준에 입각한 능력주의 인사제도의 도입 등이 그 대표적인 예이다. 그러나 시장의 자기 조절적 기능을 통해 자원배분의 효율성(allocation efficiency)을 달성하기 위한 조건 가운데 하나는 경쟁의 공정성이다. 시장 기능에 의해 차별이 해소될 수 있다는 주장이 있기는 하나 이러한 주장은 현실적 타당성을 결여하고 있다. 차별을 야기하는 통념과 관습, 문화, 이데올로기는 경제적 가치보다 더 강고한 성격을 띠기 때문이다.

우리 사회에 간접차별의 개념이 도입된 것은 노동시장 차별의 변화에 기인한 것이다. 직접적이고 가시적인 차별관행이 줄어드는 것에 비해, 비가시적이면서도 실질적인 차별은 사라지지 않았다. 노동시장에서의 차별이 점차 체계화되고 비가시화되면서 여성노동계는 기존의 직접적인 차별 개념뿐 아니라 간접적인 차별을 규제할 것을 요구하였으며 이러한 요구가 남녀고용평등법 제 3차 개정으로 현실화되었다. 이와 같은 간접차별 개념의 도입은 직접차별의 규제만으로는 해결할 수 없는 실질적 차별을 금지할 수 있다는 점에서 고무적이다. 특히, 경제위기 이후 많은 여성 근로자들은 직접적인 "성별"을 이유로 한 차별보다는 임시, 일용 등 비정규직이라는 이유로, 직군이 다르다는 이유로 또는 맞벌이 부부사원이라는 이유로 불이익한 대우 및 영향을 받고 있다. 간접차별이 직접차별에 대한 규제만으로는 차별을 야기하는 근본적인 요인, 즉 편견과 통념의 변화를 가져올 수 없기 때문에 그러한 요인들의 변화를 가져오고, 실질적인 평등을 달성하고자 하는 목적에서 고안된 개념이라고 할 때, 이러한 개념의 도입은 변화하는 차별의 양상에 대응하기 위한 것이라 할 수 있다.

지난 10여년간 노동시장에서의 차별이 점차 체계화되고 비가시화되어 왔다. 직접적인 성차별이 법적 제재의 대상이 되는 남녀고용평등법의 법망을 피해갈 수 있는, 새로운 형태의 성차별이 노동시장 유연성 제고라는 이름아래 정당화 되어왔다. 직군별 코스관리제도나 남성 중심적 능력 판단 기준에 입각한 능력주의 인사제도의 도입이 그 한 축이라면, 정규직의 비정규직화, 즉 고용 형태에 의한 간접 차별이 다른 한 축을 이룬다.

비정규직에 대한 기존의 여러 실태조사에서 공통적으로 드러나는 사실 가운데 하나는 비정규직의 상당 비율이 정규직을 대체하고 있다는 것, 그리고 현재 비정규직 노동자의 다수는 이전에 정규직으로 일하던 사람들이라는 것이다. 이는 우리사회에서 비정규직의 증가가 노동법과 근로기준법, 그리고 남녀고용평등법 등의 규제를 피하기 위해 탈법적인 방식으로 특정 노동자 집단을 저임금 노동력으로 활용하고자 하는 것에서 주로 기인한다는 것을 말해 준다.

이러한 현상은 여성일수록 더 두드러지게 나타난다. 정규직 여성의 비정규노동화, 정규직 여성이 담당하던 업무의 외주 용역화 등이 간접차별의 한 형태로 이루어지고 있음은 여러 사례에서 확인할 수 있다(조순경 외, 2003). 비정규직의 여성화와 간접 차별의 한 방식으로서의 비정규직이 증가함에도 불구하고 이러한 고용형태에 의한 성차별을 규제하고 예방할 수 있는 정책은 구체화되고 있지 않다.

3. 비정규직 문제에 대한 국가 정책의 성격

차별을 시정하기 위해서는 다양한 주체에 의한, 다양한 정책들이 뒷받침되어야 한다. 사실 남성 중심적 노동 운동계의 상대적 무관심 속에서 우리사회에서 비정규 노동의 문제는 '노동문제'를 넘어 중요한 사회 정치적 쟁점으로 부각되고 있다. 이는 비정규직 노동자가 규모 면에서 전체 노동자의 58%가 넘어 거의 800여만 명에 이르렀기 때문이기도 하지만 비정규 노동 자체가 우리사회의 불평등을 야기하는 주요한 요소로 등장하였기 때문이기도 하다. 최근 통계청의 경제활동인구 부가조사를 분석한 연구에 의하면, 총량 지표 상으로 볼 때 비정규직 노동자들은 정규직보다 장시간 일하고 있음에도 불구하고 임금은 정규직의 절반 정도를 받고 있고, 비정규직의 사회보험 가입률이나 근로기준법상의 퇴직금, 휴가 등의 적용율은 정규직의 약 1/3 정도인 25% 미만에 그치고 있다(김유선, 2003).

이러한 움직임 속에서 정부는 비정규문제 '해결'을 위한 다양한 정책적 방안들을 모색해 오고 있다. 비정규직 노동자 문제는 2000년 4월 총선 당시 여야 3당의 주요정책 및 선거공약사항으로 대두된 바가 있을 정도로 '정치적 사안'으로 등장하고 있다. 1999년 10월 노사정위원회 경제사회소위에서는 비정규직 근로자 대책을 주요 논의과제로 선정한 바 있으며, 노동부는 2000년 10월 당정 경제정책조정회의를 거쳐 비정규 근로자에 관한 종합대책을 발표한 바 있고, 2002년 5월 노사정위원회 비정규직근로자특별대책위원회(2002)에서는 사정위원회 비정규근로자대책특별위원회는 1년여의 논의 끝에 노사정 합의문을 완성, 발표하였다.

그 주요한 내용은 ① 비정규 근로자의 범위에 대한 규정과 통계 개선 방안 마련, ② 근로 감독 기능의 강화, ③ 비정규직 근로자에 대한 사회보험의 적용 확대 및 복지 확충 등의 내용으로 구성되어 있다. 이러한 내용은 비정규 규모의 파악과 비정규직에 대한 행정감독 강화, 그리고 비정규근로자에 대한 보호로 집약된다(노사정위원회 비정규직근로자특별대책위원회, 2002).

이러한 합의안에는 비정규직의 문제를 성차별의 문제로 접근하는 시각은 존재하지 않는다. 이러한 내용은 부분적으로 노사정위원회의 위원구성과 무관하지 않다. 2004년 현재 노사정위원회 비정규직근로자대책위원회 위원 총 19명 가운데 여성은 근로자대표로 참여하는 전국여성노동조합위원장 한명 뿐이며 정부대표, 공익대표, 사용자대표는 모두 남성위원들로 구성되어 있다. 19명중 1명의 여성위원이 위원회의 의제설정이나 의사결정에 있어서 영향을 미칠 정도로 여성 비정규직의 이해를 대변할 수 있기를 기대하기는 어렵다. 노동부, 노동부산하 노동연구원, 그리고 노사정 위원회 등의 정책토론회에서 변함없이 등장하는 주제는 비정규직의 정의, 규모와 실태, 그리고 정책 과제이다(안주엽, 2001; 김유선, 2003; 강성태, 2001; 김태홍, 2001; 어수봉; 1995, 2000).

이러한 주제는 여성노동계에서 비정규직에 대한 문제를 제기해 온 1990년대 중반 이후 별다른 변화없이 지속되어 왔다. 정책과제로서 공통적으로 지적되어 온 것은 비정규직에 대한 '보호'정책이다.

차별에 대한 엄격한 예방과 시정을 위한 정부 차원의 법적, 제도적 조치와 함께 노동조합 차원에서 이같은 법과 제도를 구체화시킬 수 있도록 노동조합 차원의 조치들, 그리고 노조 정책결정과정에 여성들의 실질적 참여를 가능하게 하는 다양한 적극적 차별 수정조치들이 강구될 필요가 있다.

4. 여성친화적 비정규직 정책의 가능성

지금까지 논의되어 오고 있는 노동의 유연성은 기업/사용자의 입장에서의 유연성이었다. 이러한 의미에서 '유연성'이라는 용어는 과도하게 사용자 중심적으로 사용되어 왔다. 사용자 중심의 유연성은 노동자에게는 경직성을 의미한다. 예로, 파견 노동의 경우 노동자에게는 전혀 유연한 고용형태가 아니다. 또한 우리 사회에서의 시간제나 임시직은 대부분의 경우 명목적 단시간, 단기간 노동으로, 실질적으로는 전일제 상시직의 성격이 강하였다. 이러한 고용형태에서 유연성은 노동자의 고용과 생활의 불안정성을 의미할 뿐이었다.

그러나 단시간 노동, 기간이 정함이 있는 노동 등 비정규 노동은 그 노동이 이루어지는 조건에 따라 노동자들의 생활의 유연성을 높이고 노동단절을 최소화하며, 노동조건을 향상시키는 방향으로 이루어질 수 있다. OECD 국가들의 기업과 정책 당국은 수년 전부터 임시직 등 비정규 고용이 여성 친화적일 수 있으며, 또한 그러한 방향으로 이루어져야 함을 인지하고 성 인지적인 노동 유연화 정책을 시행해 오고 있다. 성 인지적 고용정책이 미국뿐 아니라 영국 등 노동시장 (수량적)유연성의 정도가 높은 나라들에서 주요한 정치적 사안으로 등장하고 있다는 것, 그리고 가족 친화적 경영 전략에 대한 관심을 가지는 기업들의 수가 증가하고 있다는 것은 이러한 가능성이 현실적임을 말해 준다. 이들 기업들은 노동자의 복지 그리고 여성 친화적 정책이 작업장 능률에 긍정적인 영향을 미친다는 사실(Wood, 1999)에 주목하고 있다. 노동자들이 시간제 고용과 임시 고용을 가족 친화적 방식으로 사용하도록 하는 것은 대표적인 예이다.

시간제 고용은 국제노동기구에서 권고하는 바와 같이 "(남녀를 불문하고) 가족에 대한 책임이 있는 노동자"(ILO, 1993)와 관련하여 고려해야 할 고용형태로 보는 것이 바람직할 것이다. 즉 가사 및 양육이 여성의 고유한 책임이라는 사고를 넘어서 남녀 공동의 책임으로 전제하고 시간제 고용문제에 접근하는 것이다. 따라서 스웨덴, 불란서, 핀란드, 포르투갈 등 선진 각국은 시간제 고용을 (부모 중 아무나 신청할 수 있는) 양육 휴가의 한 형태로서 도입해 왔다(Virneau, 2000). 즉 출산 이후 아이가 일정 연령에 다다를 때까지 수년간 어머니나 아버지 중 아무나 단축된 시간의 근무를 할 수 있도록 한 것이다. 물론 이 경우 고용안정성은 완전히 보장되며, 단축된 시간만큼 다른 근로자가 일할 기회를 주는, 일종의 일자리 나누어 갖기(work sharing)의 기능도 하고 있다(ILO, 1993; OECD, 1994).

스웨덴의 경우 공공부문에서의 시간제는 우리나라의 임시 시간제와는 다르게 기본적으로 고용 안정이 보장된, 노동자들이 자발적으로 양육이나 자신의 재교육, 또는 노조 활동을 위해 선택하는 실질적 시간제이다. 1970년 이후 공공부문 노동자는 시간제로 근무할 권리를 갖게 되었다. 즉 12세 이하의 자녀를 두었거나, 학업을 위해서거나 (1975년 이후), 또는 노동조합의 일을 하기 위해서(1974년 이후) 공공부문 노동자는 무급으로 부분 휴직을 하거나 시간제로 단축근무를 할 수 있는 권리가 부여되었다.

노동조합 차원에서도 노동의 유연성을 새로운 방식으로 이해하는 움직임이 늘어나고 있다(Hudson, 1999). 일반적으로 노동조합 운동은 시간제나 비정규 노동에 대해 반대를 해 왔다. 그러나 시간제 노동이나 노동시간을 신축성 있게 조정할 수 있는 고용 방식이 노동자들의 삶의 유연성을 제고할 수 있는 하나의 방안이 될 수 있다는 방향으로 보는 노동조합이 점차 증가하고 있다. 미국의 시애틀 및 산타클라라 지역 국제서비스노련(Service Employees International Union Local 6, 시애

틀 지역 민간보건의료기관 노동자를 대표; Local 535와 Local 715, 산타 클라라 지역의 노동자를 대표)은 상용 전일제 노동자들이 일자리 나 누기(job sharing)와 상용 시간제로의 전환 요청을 할 수 있는 권리가 단체협약에 포함될 수 있도록 교섭한 바 있다(Appenbaum, 1992). 이 경우 시간제 노동자는 전일제로 다시 전환할 수 있도록 하며, 특히 어린 자녀를 둔 아버지와 어머니들은 자녀 돌보기를 위해 전일제에 서 시간제로 전환할 수 있도록, 그리고 자녀가 성장한 이후 다시 시 간제에서 전일제로 옮길 수 있도록 하는 것이다(Nollen, 1982).

노동자를 위한 노동 유연성을 높이는 또 다른 방법은 근로시간 단 축형 육아휴가 제도나 전일 휴직형 휴가 제도를 활성화하는 것이다 (OECD, 2000). 근로시간 단축형 육아 휴가 제도는 이미 스웨덴 등 유 럽 여러 나라에서 사용하고 있는 제도로, 법정 근로 시간의 일정 비 율만큼 일일 근로 시간을 단축한다(예: 하루 6시간, 또는 4시간). 이러 한 단축 근로는 자녀가 초등학교를 마칠 때까지 사용할 수 있다. 이 러한 휴가 제도는 육아를 위해서 뿐 아니라 노동자 자신의 재교육을 위해서도 사용할 수 있을 것이다.

전일 휴직형 육아 휴직제도 자녀가 특정 연령에 달할 때까지 하루 를 완전히 쉬도록 하는 유형이다. 미국의 경우 년간 총 12주간의 휴 가를 무급으로 사용할 수 있다. 불란서의 경우도 최장 1년간 전일 육 아 부모 휴직 또는 시간 단축 휴가를 사용할 수 있으며, 2회에 걸쳐 갱신할 수 있게 되어 있다. 또한 전일 육아 부모 휴직에서 시간 단축 근로로, 반대로 시간 단축 근로에서 전일 부모 육아 휴직으로 전환하 여 사용할 수도 있다. 육아 휴직은 부모가 동시에 사용할 수 있으며,

한쪽씩 연속해서 사용할 수도 있다. 또한 여성(모)이 취업하지 않은 상태라도 남성(부)이 육아 휴직을 사용할 수 있게 되어 있다(OECD, 1998; 조순경, 1996). 남성 또는 여성 노동자가 육아나 자녀 교육 또는 가족을 돌보기 위해, 또는 노동자 자신의 재교육을 위해 고용안정성을 침해하지 않는 조건에서 시간제와 전일제, 그리고 다양한 휴가와 휴직을 자유롭게 선택할 수 있도록 제도화하고, 이로 인해 발생하는 필요 인력을 시간제나 단기 고용 형태(계약, 임시, 일용, 파견 등)로 채용할 수 있도록 하는 방식으로 비정규 노동을 사용할 수 있을 것이다. 이때 중요한 것은, 이들 시간제나 단기 고용 노동자들에게 기존에 그 일을 수행하던 노동자의 근로조건과 동등한 조건을 제공하거나, 적어도 현저하게 낮은 근로조건은 금지하도록 하는 것이다.

그러나 이러한 성인지적 비정규 노동정책은 비정규직에 관한 논의, 그리고 비정규직 관련 정책 결정 과정 및 집행 과정에 여성들이 일정 비율 참여하지 않는 한, 그리고 그러한 참여 주체들의 여성에 대한 가부장적 관점, 그리고 전통적 성별분업 관념이 수정되지 않는 한 현실화되기 어려울 것이다.

5. 노동운동에서의 여성 배제 기제

노동운동 뿐 아니라 우리 사회에서 비정규직 문제를 둘러싼 연구와 담론들, 그리고 정책 결정 과정에서 여성들은 배제되고 있다. 또한 비정규직 문제에 대한 연구의 대부분은 비정규직 여성들을 단순히 연구의 대상으로 삼을 뿐 그들의 문제를 해결하는 주체로 설정하고 있지 않다. 이러한 현상은 운동의 과정에서도 비슷하게 관찰된다. 비정규직 여성 조직화를 목적으로 설립된 전국여성노동조합을 제외한 대부분의 노동운동조직에서 비정규직 여성은 조직의 대상으로 존재하고 있을 뿐이다.

1990년대 초반부터 진행된 비정규직의 문제와 정규직의 감소 문제는 여성 직종에 먼저 영향을 미쳤다. 여성 노동운동 진영에서는 고용 문제를 노동운동의 주요 사안으로 해야 한다는 주장을 해 왔으며, 비정규직의 조직화 문제에 대해서도 심각하게 고려하여야 한다는 주장을 해 왔다. 그러나 남성 중심의 노동조합 지도부는 고용 사안보다 임금 및 복지 등 정규직 (남성) 노동자들의 직접적인 이해를 중심으로 노동조합 운동과 사업을 펼쳐왔고, 파견 문제, 시간제 임시직 등의 비정규직 문제를 어떻게 할 것인가에 대해서는 미온적으로 대처해 왔다. IMF로 인해 고용 문제가 주요 사안으로 떠오르자 이에 대한 대응 방안을 모색하게 되었으나 그 문제에 신속하게 대처할 수 있는 역량은 축적할 수 없었다.

여성에 대한 차별을 야기하는 원인은 복합적으로 논의될 수 있다. 그러나 여성에 대한 다양한 차별과 여성배제 기제는 많은 부분남성은 생계책임자이고 여성 피부양자, 생계보조자라는 통념에 기인한다. 남성－임금노동, 여성－부불 가사/양육노동으로 이분화되는 성별 분업 구조는 여성이 임금노동에 참여하였을 때 여성들의 노동을 평가 절하하는 중요한 기제로 작용한다.

1) 노동운동내의 가족임금 이데올로기

이미 여러 연구에서 정부의 노동정책과 복지 정책 등이 남성－생계책임자, 여성－피부양자라는 이데올로기에 기반한 것, 그리고 기업의 인사정책이 이러한 가부장적 통념에 기반한 것이라는 지적이 되어 왔다. 그러나 실제로 임금 수준의 결정에 직접적인 영향을 미치는 노동조합에 대해서는 별 다른 논의가 없었다. 임금 협상의 직접적인 당사자라는 점에서, 그리고 성차별적 임금 구조를 개선하기 위한 일차적인 주체라는 점에서 노동조합이 여성노동에 대하여 어떠한 관점을 가지고 있는가를 보는 것은 중요하다 할 것이다.

임금 교섭시 제시하는 노총과 민주노총의 임금 요구안은 모두 가족임금 이데올로기에 기반하고 있다. 영국의 산업 혁명 당시 형성된 개념인 가족임금(family wage)이 의미하는 바에 의하면, 한 가족의 생계책임자는 남성 가장이며, 그 남성의 임금은 그 가족의 생계비 수준이어야 한다는 것이다. 이 가족임금 개념은 이후 여성의 고용이나 임금은 생계 보조적인 것으로, 남성의 임금에 비해 낮아도 된다는 가족임금 이데올로기를 형성하게 되었다. 가족임금을 주장했던 당시의 남성 노동조합은 사실상 여성이 가정에 남아 자녀 양육과 살림을 맡고, 여성들이 노동시장에 참여하는 것을 억제함으로써 노동시장에서 여성들을 배제하는 결과를 가져왔다. 남성 가장이 생계책임자라는 전제에 기반한 가족임금 이데올로기는 경제 위기시에 더욱 강조되어 왔다.

양대 노총이 임금 협상시 제시하는 임금 모델은 전형적인 가족임금 이데올로기에 기반하고 있으며, 매해 이루어지는 임금 협상 과정을 통해 가족임금 이데올로기는 계속 재생산되고 있다. 그리고 그러한 이데올로기는 다양한 형태의 성차별을 야기하는 주요한 요인이 되고 있다.

지금까지 민주노총이 임금요구안을 구성하는 과정에서 사용하는 생계비 모형은 남성가장이 생계부양자라는 가부장적 모델이다. 한국노총과 민주노총 모두 생계비 논리에 입각한 임금 인상 요구를 해 왔다. 이에 따라 임금 인상 요구율 산정의 기본 모형은 (부양가족수에 따른 최저 생계비-조합원 평균임금)을 조합원 평균임금으로 나누어 그에 100을 곱하는 방식이었다. 이러한 모형에서 중요한 것은 근로자 최저 생계비를 산출하는 것이었으며 정기적으로 양대 노총은 도시근로자 생계비 조사를 수행해 왔다.

〈표 1〉 표준생계비와 임금의 비교

(단위: 천 원, %)

부양가족수	3.5인
3.5인 표준생계비(가)	2,373,781원
조합원 임금평균(나)	1,534,431원
생계비와 임금의 차액 [(가)-(나)]	809,350원
생계비 대비 임금비중 [(나)÷(가)×100]	65.9%

주: 1) 부양 가족 수와 임금평균(초과근로수당 제외)은 1998년 조합원 생활실태 조사 결과임.
   2) 3.5인 표준생계비는 3인가구 생계비+(4인가구 생계비-3인가구 생계비)×0.5'로 추계.
자료: 민주노총, "2004 민주노총 임금 요구안"

〈표 1〉에서 보듯이 민주노총은 임금 인상 요구안 마련을 위해 근로자 가구 규모별 표준 생계비를 계산하는 데에 있어서 기본적으로 남성 가장이 생계책임자라는 가정을 하고 있다. 2인 이상의 가구는 기본적으로 남성 가장과 주부 및 그의 자녀들로 이루어져 있다고 보고 있다(〈표 1〉의 각주 참조).

노총의 경우도 이와 다르지 않다. 특히 노총의 도시근로자 생계비 조사 설계 및 조사 방법, 그리고 설문 내용을 보면 '도시 근로자'는 남성을 의미하고 있다는 것이 분명히 드러난다.[2] 1995년 한국노총이 윤신호 교수에게 의뢰하여 실시한 〈도시근로자 생계비 조사〉의 설문 내용의 문항을 예로 들면, "남편(독신자의 경우 귀하 자신)의 직종은 무엇입니까", "남편(독신자의 경우 귀하 자신)"의 직위는 무엇입니까" 등의 문항이 그 대표적인 예이다.

〈표 2〉 한국노총의 도시근로자 생계비조사 설문

응답시 유의사항: 가능하면 귀댁의 주부(또는 직접 살림살이를 하는 분)가 작성하여 주십시오.

(문4). 귀댁의 수입에 대해 대답해 주십시오.

－ 남편 또는 주 소득자의 수입(독신자는 자신의 수입)
－ 부인의 수입
－ 그 밖의 가족의 근로소득
－ 재산소득(임대료, 이자, 배당금 등)과 기타소득

---

2) 윤진호 편저(1995), 『생계비와 임금정책』 (서울: 한국노총 중앙연구원)에 수록된 부록5 <도시근로자 생계비 조사 설문지> 참조.

(문5). 남편(독신자의 경우 귀하 자신)의 직종은 무엇입니까.
 (답항 생략)

(문6) 남편(독신자의 경우 귀하 자신)의 직위는 무엇입니까.
 (답항 생략)

자료: 윤진호 편저(1995),『생계비와 임금정책』, 한국노총중앙연구원에 수록된 부
  록 5, <도시근로자 생계비 조사 설문지> 중 발췌.

  한 가구(가족)의 생계 책임자는 남성이며, 남성 가장의 임금은 한
가족의 생계를 유지할 수 있는 수준의 임금이어야 한다는 가족임금
(family wage) 이데올로기를 내재화하고 있는 상태에서 기혼 여성, 또
는 여성 일반의 고용이나 임금에 대해서 어떠한 생각을 하게 될까.
생계비 임금 모델에 입각해 볼 때, 남성 가장이 한 가족의 생계를 이
어갈 정도의 임금을 받는다면 그의 부인의 임금 수준은 가족임금 수
준일 필요가 없게 된다. 남성이 가족의 생계를 책임진다고 할 때 여
성은 자신의 생계를 위한 소득 활동조차 불필요하다는 생각을 하게
된다. 따라서 여성의 고용이나 임금은 남성과 동등한 수준에서 생각
하기 어렵다. 여성 우선 해고나 성차별적 임금구조 등은 결국 이러한
가족임금 이데올로기에서 파생된 것이다. 중요한 것은 노동자들(여성
과 남성)의 이해를 대변해야 할 노동조합이 이러한 가족임금 이데올
로기를 재생산해 왔다는 것이다.
  노동조합운동이 이러한 가족 임금 이데올로기나 남성 생계책임자
통념에 기반하여 이루어지는 한, 여성의 비정규직화나 여성 우선 해
고 문제를 노동조합에서 진지하게 다루지 않을 것이다.

한국노총과 민주노총이 전제로 하고 있는 이러한 남성가장 생계부양자 통념은 현실적 기반이 없다. 그럼에도 이러한 남성 가장이 생계부양자라는 통념에 기반한 가족임금 이데올로기는 성차별적 임금구조를 가져오고, 여성을 노동시장에서 축출하는 주요한 기제로 작용하고 있다.

2) 노동조합 '사업'의 남성 중심 모델

현재 우리 사회의 노동시간 모델은 가부장적이다. 즉 가정에서 누군가가 자녀 양육과 가사를 담당한다는 전제하의 노동시간 모델이다. 노동조합도 이러한 노동시간 모델에 따라서 사업, 운영하고 있다. 회의 시간, 투쟁 프로그램 운영상의 시간 배치 등이 그러하다. 대표적으로 근무시간 이후의 회의 시간 배치나 철야 농성 등은 여성들의 양육, 가사 노동 부담이 해소가 되지 않는 한 체계적으로 여성들을 조합 활동에서 배제시키고 여성 노조 지도력의 형성을 저해하는 노조 운영 방식이라 할 수 있다.

양대 노총에서 지금까지 행해져 온 다양한 사업이나 활동 내용을 보면, '노동자'는 동질적인 이해를 가진 집단으로 간주하는 것으로 판단된다. 즉 노동자는 계급적 특수성은 있으나 젠더 특수성은 없는 존재라는 전제 아래에서 교육이 이루어져 왔다.

한 예로, 2005 민주노총 법률학교 프로그램은 "법을 바라보는 올바른 관점을 확립"하고, "노동조합 활동과정에서 법적대응 실무능력을 높이는" 것을 교육목적으로 하고 있으나, 이 프로그램은 철저히 남성

노동자의 관점에서, 그들의 경험에 기초한 내용을 교육하고 있다. 강의내용을 보면 고용평등법이나 여성 문제에 관한 내용은 찾아보기 어렵다.[3] 구체적인 강의 내용 및 강사진을 보면 다음과 같다.

제1강 - 노동법의 원리와 체계 (하종강 한울 노동문제연구소 / 소장)

제2강 - 비정규직 노동자와 노동기본권 (권두섭 민주노총 법률원 / 변호사)

제3강 - 해고 및 임금 등의 관련내용과 사례(양도연 민주노총 법률원 / 공인노무사)

제4강 - 사용자의 쟁의 대항행위에 대한 대응 방안(권동희 민주노총 법률원 / 공인노무사)

제5강 - 노동자감시와 노동조합의 대응(최세진 민주노총 정보통신부장)

제6강 - 노동사무소, 노동위원회 관련 각종 구제절차(박성우 / 민주노총 서울본부 법규부장 / 공인노무사)

제7강 - 형사절차의 이해와 대응(맹주천 민주노총 법률원 / 변호사)

제8강 - 단체교섭 및 단체협약의 이해와 대응 (여성오 서울본부 조직부장 / 노무사)

제9강 - 정부의 '노 사관계로드맵'법제화 추진에 관한 문제점 검토(권영국 / 민주노총 법률원장, 변호사

여성에 관한 언급이 있다면, 제1강의 마지막 부분, "우리나라 노동법의 체계" 부분에서 남녀고용평등법 제1조와 제2조를 단순 소개하

---

3) 민주노총(2005), "2005 법률학교 강의안" 참조

는 정도로 언급되어 있을 뿐이다. "해고 및 임금 등의 관련내용과 사례"에 대한 강의에서는 이미 수없이 많은 사례가 축적되어 있는 여성 우선 해고에 대한 어떠한 언급도 없다. 이러한 남성 중심적 강의 내용은 이들 강의의 강사 모두 남성들로 구성되어 있다는 점과 무관하지 않다.

3) 비정규직 '사업'에서의 여성 비정규직의 위치

노동조합 의사 결정 과정에서의 여성 과소대표는 필연적으로 노동조합 사업의 남성 중심성을 야기한다. 대표적으로 비정규직 문제와 관련하여, 파견업 선정 과정에서, 그리고 최근에는 비정규직 조직화 사업에서 이러한 문제를 엿볼 수 있다.

양대 노총의 정규직 중심의 노동운동은 결과적으로 파견노동의 확산에 직간접적으로 기여했다. 1998년도 실시한 실태조사 결과에 의하면 파견직 도입에 대한 사용사업체 노동조합의 태도는 찬성 27%, 반대 13.1%, 정규직이 기피하는 업무라서 사실상 양해 47.6%, 노조의 방관 12.4%로, 노조의 찬성, 양해, 무관심으로 인한 파견직의 허용이 사실상 87%에 달한다. 파견직에 대한 이러한 노동조합의 태도로 미루어 파견법에서 파견 노동자 사용시 사용업체에서 노동조합의 의견을 묻도록 하고 있더라도 거의 실효성은 없다.

지난 1998년 '파견근로자보호등에관한법률' (이하 파견법) 제정 당시 선정된 26개 파견 허용 대상 업무는 어떠한 기준을 일관되게 적용하여 선정된 것이 아니다. 파견법에서 허용하는 근로자 파견 대상 업무는 "전문지식, 기술 또는 경험 등을 필요로 하는 업무"로 규정되어 있으나 정작 선정된 업무는 지극히 정치적인 고려에서 이루어졌다. 이는 근로자 파견법 시행령이 만들어지는 과정에서 잘 드러난다. 당초 입법 예고된 시행령 안에 포함되었던 일부 직종의 업무는 노동조합 또는 관련 이익단체의 저항과 항의에 의해 빠지게 되었으며 결국은 노동조합 조직률이 낮거나 여성들이 집중 고용되어 있는 직종의 업무만이 대상 업무로 결정되었다. 비서, 타자원 및 관련 사무원, 도서 우편 및 관련 사무원, 보모, 간병인, 조리사, 공중보건 영양사, 전화 교환 사무원, 전화 외판원, 여행 안내요원, 가정개인보호 근로자, 그리고 대중유흥업소 무용수 등이 대부분인 연예 직종 업무 등이 그 대표적인 예이다. 이러한 현상에 대해 김보헌씨는 "노동계는 기댈 데 없는 미조직 여성 노동자들만 파견노동의 사지(死地)에 남겨둔 채 슬그머니 발을 빼고 말았다는 비난을 면치 못할 것"[4]이라고 평가하기도 하였다.

파견법 시행 6년이 지난 파견 근로의 주 대상은 여성들임을 다시 한번 확인할 수 있다. 노동부가 집계한 자료에 의하면 2004년 6월 현재 26개 파견대상 업무 가운데 가장 큰 비중을 차지하는 업무는 비서, 타자원, 사무원 업무로, 전체의 30.2%를 차지하고 있다. 그 외 전화외판원, 대중업소 백댄서 및 무용수, 가수 등 연예 관련 업무, 간병인 등이 주를 이룬다. 향후에도 지난 1998년과 다르지 않게 정치적 고려에 의해, 그리고 민주노총과 한국노총의 남성 정규직 중심의 조합 이기

---

4) 《주간노동자신문》, 1998년 5월 3일자

주의에 의해 파견허용 대상 업무가 선정된다면 미조직 여성 노동자들이 몰려있는 직종의 업무가 선정될 가능성이 매우 크다. 아이러니한 것은 이러한 미조직 여성 노동자들이 가장 우선적으로 법적 보호를 받아야 할 집단임에도 비정규 법안의 일차적 희생자가 되고 있다는 사실이다.

현재 양대 노총은 비정규직 조직화를 강조하고 있으나 이 또한 남성 직종이나 남성 사업장 중심의 비정규직 조직화에 초점이 맞춰질 가능성이 크다.5) 예를 들어 민주노총의 2005년도 "비정규조직화 기금 50억 조성 사업 개요"를 보면, 전략 조직화 사업 실징에 여성 비정규직들이 집중되어 있는 산업/부문이 상대적으로 배제될 가능성이 있음을 알 수 있다. 민주노총이 설정한 5대 전략 사업 가운데 여성들이 집중 고용되어 있는 민간 부문의 사무직이나 파견직 등은 빠져있다. 사업 방향을 보면, 하청·서비스유통·특수고용·공공서비스 비정규직·건설일용노동자 조직화 사업이 5대 전략조직화사업 설정되었다. 여성 비정규직 조직화가 상대적으로 소홀히 다루어지고 있음은 다음의 〈표 3〉을 통해서 알 수 있다.

---

5) 비정규직의 증가, 그리고 기존 노조로부터의 비정규직의 배제는 필연적으로 노조의 조직력과 교섭력을 약화시켜왔다. 지난 1월 비정규직 노조가 금융노조 산하 지부의 형식으로 결성되기는 했으나, 개별 은행과의 교섭권이 없어 그 구체적인 효과는 회의적이다. 가장 근본적인 해결책은 노조 산하 지부 형태로 비정규직 노조를 조직하고 지원하는 것이 아니라 정규직 중심의 노조에 비정규직이 가입할 수 있는 조건(가입 자격 관련 조항 규약 변경 등)을 형성하는 것일 것이다.

<표 3> 민주노총의 비정규직 조직화5대 전략사업추진 현황

구분	추진계획	진행
하청 노동자	*대공장 하청노동자를 집중 조직, 전체사업장 확산 *임단협 매개로 비정규 주체의 발굴, 조직화 조건 형성 *전략사업장, 전략지역 선정. 전국적 관점의 조직화 추진	*임단협을 통한 조직화 조건 마련 진행중 *조직사업장에 대한 사안별 지원 *'전략'적 차원에서 인력과 재정 투여 미흡
서비스 유통	*470만 서비스노동자 중, 166만 도소매업, 그 중에서도 대형소매업 노동자를 전략 대상으로 선정 *2003년 조직방안, 사업계획 수립, 사업주체 형성 *2004년 사업단위 구성하고 본격적 사업 전개	*조직방안과 계획 수립을 위한 기초 연구사업, 전략조직화 계획수립 등이 진행 안됨.
공공 서비스 비정규직	*연맹에서 가칭)전국공공서비스노동조합 건설을 추진하고 총연맹(지역본부)에서 지원하는 방식으로 사업 추진 *전략기획팀 구성 : 정책 지원, 조직과 투쟁 지원 추진	* 2개지역 공공서비스노조 창립 예정, 산별노조 건설 사업과 결합하여 본격적인 조직화 사업 전개
특수고용	*화물운송노동자, 레미콘지입노동자, 골프장경기보조원, 학습지교사, 보험모집인을 전략대상 선정 *해당 연맹, 노조와 함께 조직화방안 마련 집중 지원	*운송하역노조의 화물운동노동자 조직화 성과→화물통준위 *서울본부의 덤프노동자 조직화→덤프연대 *이외 사업 추진 안됨
건설일용	*조직화 관련 법제도개선, 정책방안 마련 등 정책 지원 집중	*건설연맹 중심 조직화 사업 *총연맹 지원 및 결합 미흡

자료: 민주노총(2005), "비정규조직화 기금 50억 조성 사업 개요" (미간행)

　　비정규직 조직화 사업에서 여성 비정규직 관련 부분은 상대적으로 형식적으로 다루어지고 있음을 다음의 자료를 통해서도 알 수 있다. 민주노총의 미조직 비정규 사업실에서 실시하고 있는 "2004년 비정규 단체협약 요구 현황 파악"을 위한 조사표를 보자(〈표 4〉). 비정규직 가운데에서 남성들이 집중되어 있는 비정규고용형태(하청 등)에 대한 부분은 상세하고 비중있게 다루어지는 반면 여성 비정규직에 대한 부분은 그러하지 않음을 알 수 있다.

〈표 4〉 민주노총의 비정규 단체협약 요구현황 파악 및 점검을 위한 조사

2004년 민주노총 비정규 공동단협 요구 내용		단위노조 임단협 요구안	진행 상황
비정규직 차별철폐와 처우개선	-비정규직 차별 대우 금지		
	-동일가치노동 동일임금 명문화		
	-복리후생 동일 적용		
	-최저임금 보장(산별최저임금 보장)		
	-비정규 노동자에 대한 불법행위 근절		
비정규직 억제와 정규직화	-임시직,계약직,시간제 노동의 제한		
	-정규직 업무의 비정규화 금지		
	-상시업무 비정규직 정규직화, 1년 이상 비정규직 정규직화		
	-적정 인력 확보와 자연퇴사 시 정규직 고용		
간접고용노동자 정규직화 · 불법파견 근절	-간접고용노동자 직접고용 · 정규직화		
	-불법파견 금지		
	-불법파견 시 파견노동자 직접고용 · 정규직화		
비정규직 고용보장과 조직화 조건 마련	-비정규직에 단협상 효력 확장		
	-비정규직 노조활동 · 가입보장(노조 가입 · 결성 시 고용계약 해지 등 불이익처분 금지)		
	-임시계약직 고용보장(정당한 사유 없는 계약 해지 금지)		
	-간접고용 노동자 노조 가입 · 결성시 고용계약 · 원하청 계약 해지 등 불이익처분 금지		
	-간접고용 노동자 고용보장(파견업체 폐업 시 고용승계)		

비정규직 노동자에게 노동시간 단축 동일 적용 *원청업체가 하청업체와 계약체결시 하청업체 노동자 노동시간 단축 및 임금보전 명시	－비정규직(직접고용 및 간접고용) 노동시간 단축 동일 적용		
	－노동시간 단축시 비정규직(직접고용 및 간접고용) 임금 보장		
비정규, 하청노동자 건강권 보장	－비정규, 하청노동자 건강권 조합원과 동일 보장		
	－비정규, 하청노동자의 재해 예방활동 보장		
	－비정규, 하청노동자에 산업안전보건법상의 재해 예방 조치 적용		
	－비정규, 하청노동자 채용시 안전보건교육 실시 의무화		
	－하청업체와 안전보건협의회 구성 및 노동조합 참여 보장		
여성 비정규노동자 차별 금지 및 비정규 여성노동자 보호	－성차별적 구조조정과 비정규직화 금지		
	－비정규 여성 노동자 임금, 노동조건, 휴일휴가, 산전후 휴가 등 동일 적용		

자료: 민주노총(2004), 내부자료.

6. 노동운동 차원의 적극적 조치 : 가능성과 한계

지난 10여년 동안 고용상의 직접 차별 해소를 목적으로 하는 법, 제도적 차원에 변화에도 불구하고, 그리고 성차별 해소를 위한 여성 운동의 결과에도 불구하고 여성들은 채용에서 해고에 이르기까지 다양한 형태의 차별을 경험하고 있다. 이러한 성차별적 관행이 별 변화

없이 남아있는 이유는 부분적으로 남성 정규직, 대기업 중심의 노동조합 운동, 그리고 그것이 야기한 여성노동의 주변화에 기인한다. 또한 노동조합운동 내에서의 여성 및 비정규직에 대한 차별은 우리나라 노동운동의 위기를 가져온 주요한 원인이기도 하다. 미국의 AFL–CIO나 유럽 연합 소속 국가들의 노동조합들이 여성노동 문제나 성차별의 문제를 주요한 사안으로 다루고 있는 것, 그리고 노동조합 조직화와 운영방식을 여성친화적인 방식으로 전환하는 이유는 노동운동 위기를 극복하고자 하는 시도의 하나에서 나온 전략이기도 하다.

앞에서 인급힌 각종 법 제도적 차별 수정조치들이 제도화될 수 있도록 노동조합 차원에서 요구하는 것, 그리고 사업장 차원에서의 차별 수정 조치가 현실화될 수 있도록 노동조합 사업과 운동이 성인지적으로 될 필요가 있으며 이를 위해 가장 우선적으로 실시되어야 할 것은 각 결정 단위에서의 여성 참여 비율을 높이는 것이다.

노동조합이 성 차별적 고용관행의 문제를 해결하는 데에 주요한 역할을 할 가능성이 있으나, 단지 가능성으로 존재할 뿐이다. 대부분의 경우 노동조합의 가부장적 성격 및 노조간부 중 여성의 낮은 대표성 문제,6) 낮은 여성 노조 조직률로 인해 여성들의 이해가 반영되기 어렵다.

2001년 초 민주노총 한 지역 본부의 회의 단위별 여성비율을 보면, 대의원 전체 202명중 여성 7명(3.5%), 주요 사안 결의 단위인 중앙위

---

6) 노동조합에서의 여성과소 대표는 이미 수년전부터 지적되어 오고 있다. 1997년 민주노총이 여성조합원을 대상으로 한 조합원 의식조사에 의하면 응답자의 92%가 여성조합원 비율에 따른 여성간부할당제가 필요하다고 하였다(전국민주노동조합총연맹 여성위원회, 1997).

원회는 70명중 2명(2.9%), 지역 본부의 일상적 의결단위인 운영위원회는 전체 18명 중 여성은 한 명도 없으며, 상무집행위원회의 경우 10명중 여성 1명(10%)이며 사무처 13명 중 여성은 1명으로, 그나마 여성이 맡은 업무는 총무기획 부문이다.

이러한 노동조합내의 성별 구성으로 여성노동자의 이해를 대변할 수 있는 노동조합 사업을 활성화 뿐 아니라 사업장 내의 성차별 해소를 위한 정책개발이나 요구를 하기 어렵다. 노동조합 내 의사결정 과정에서의 여성 참여를 확대하고 여성들의 이해를 수렴하기 위해서는 일차적으로 각 의사결정기구에 최소한 조합원 성비 이상이 되도록 여성 비율을 확대하는 것이 필요하다. 궁극적으로 할당 비율은 최소 40%가 되도록 목표 비율을 설정할 필요가 있다. 일반적으로 조직의 의사 결정과정에 영향을 미칠 수 있는 최소한도의 비율은 30%인 것으로 평가되고 있으며, 이러한 맥락에서 유엔은 30%를 권고하고 있다. 최근 OECD 각국에서는 각 의사 결정기구내의 여성 할당 비율을 40-50%로 설정하고 있다.

노조의 여성할당제는 과거의 누적된 차별을 시정하기 위해 노조가 취할 수 있는 유용한 조치이다. 이때 고려해야 할 것은 여성 간부의 할당 비율이 여성 조합원의 비율에 상응하는 것은 아니라는 점이다. 한 예로, 한국노총은 2004년 2월 정기 전국대의원대회에서 여성할당제 도입을 위한 규약개정 여성할당제 내용을 보면, 여성조합원이 30% 이상인 조직은 파견대의원의 30% 이상을 여성대의원으로 선출하여야 하고, 여성조합원이 30% 미만인 회원노동조합은 적어도 여성조합원의 비율대로 여성대의원을 선출하여야 하는 것으로 되어 있다.[7] 또한 선출직 중앙위원후보가 3명 이상인 회원노동조합은 중앙위원 후보의 30% 이상을 여성으로 선출하여야 하고, 여성조합원이 30% 미만인 회원조합은 적어도 여성조합원의 비율대로 여성중앙위원 후보를 선출하여야 한다고 규정되어 있다.

그러나 적극적 차별 수정 조치가 과거로부터 누적된 차별의 효과를 상쇄하고 성비 불균등 해소와 결과적인 평등을 실현하기 위해 잠정적으로 실시되는 것임을 상기할 때, 적극적인 의미의 할당제는 여성 조합원의 비율에 상응하는 여성간부 비율이 아니라 조직 내에 영향력을 미칠 수 있는 비율, 즉 최소한 30%는 되어야 한다는 것을 의미한다. 유엔의 여성지위위원회는 각 나라의 여성 참여를 30%로 할 것을 권고 사항으로 하고 있다.[8] 이 비율은 한 조직 내에서 특정 집단의 의견이 조직의 의사 결정에 영향력을 가질 수 있는 최소한의 비율이다. 노조 내 여성 간부 할당제는 바로 이러한 원칙에 입각하여 실시되어야 한다.[9]

여성 조합원들의 이해와 의견이 반영되기 위해서는 최소한 30 - 40%가 목표 비율로 설정되어야 할 것이며, 이를 달성하기 위해 목표 추진일정(time-table)을 짜고, 그에 기반하여 각종 프로그램을 시행하는 것이 필요하다. 프로그램 내용 중에는 여성 조합원의 조합활동 참

---

7) 문광주(2005), "한국노총 여성참여 제고와 여성간부 확대를 위한 활동: 여성 할당제를 중심으로", '한일여성노동자심포지엄'에서 한국노총이 발표한 발제문 참고.

8) 자세한 내용은 송운석(2000), "여성공무원 할당제, 과연 필요한가?", 「지방포럼」 68호, 한국지방행정연구원.

9) 조순경 외(2003), 위의 글 참고.

여 증진을 위한 사업의 활성화, 그를 가능하게 할 기구의 설치, 예산 및 인원의 확보, 여성 지도력 개발 프로그램, 여성 조합원의 비율을 늘리기 위한 노동조합 내부 및 사업장에서의 적극적 조치 프로그램을 실시하는 방안이 포함되어야 할 것이다.

각 조직 의결 구조에 여성의 비율이 최소 30%가 되거나, 여성들의 이해가 실질적으로 의사결정과정에 반영될 수 있는 구조가 되기 이전까지는 여성 조합원의 이해를 대변하고 수렴할 수 있는 기구의 설치와 인력 및 재원이 반드시 필요하다. 또한 사무총국 및 사무처 등과 같은 핵심 부서에 여성 참여를 늘리고, 노동조합 집행부의 정파나 이해와 무관한 상설 여성위원회를 설치, 실질적으로 여성 사업을 해 나갈 수 있도록 예산 배정을 할 필요가 있다.

집행부의 이해에서 자유로운 상설 여성위원회는 독자적이고 자율적으로 노동조합의 각종 사업을 모니터링하고 새로운 문제들을 발굴하고 의제화하며, 임명직 및 선출직 여성 간부를 발굴하고 추천하는 데에 중요한 역할을 할 수 있을 것이다.

여성이 일정한 비율이 되도록 하는 할당제만으로는 실질적인 의미의 차별 해소를 가져오기 어렵다. 중요한 것은 성별 불균등 현상을 야기하는 원인들을 제거하는 것이다. 단순히 여성 수를 늘리는 것만으로 그 원인들이 제거되는 것은 아니다.

예를 들어 남성 가장 이데올로기나 여성의 일차적 자리는 가정이라는 전통적 성별고정 관념, 여성은 직업의식이 낮다는 통념, 그리고 가사, 양육 노동은 여성의 몫이라는 성별분업구조가 여성을 배제해 온 주요 원인이었다면 적극적 차별 수정조치는 이러한 원인들을 제거해 나가는 것을 주목적으로 하는 것이다. 과거 차별의 결과로 야기된 성별 불균등 현상은 이러한 조치들로 여성을 차별하는 구조나 문화, 통념이 사라질 때까지 한시적으로, 강제성을 띠는 방식으로 할당제를 통해 양성간의 불균등을 완화하고자 하는 것이다. 물론 이러한 할당제로 여성들이 정책결정과정에 참여하면서 여성 배제 구조를 변화시키고 '과거 차별의 현재 효과' 최소화시키기도 한다. 그러나 성별 불균등 현상을 할당제만으로 치유하고자 하는 것은 일종의 대증요법일 뿐이다. 중요한 것은 성차별을 가져오는 구조와 제도, 그리고 문화 등 여성을 배제해 온 체계의 변화를 추구하는 것이다.

이러한 점에서 차별을 야기하는 구조를 건드리지 않은 채 단순히 여성의 비율을 늘리는 것만으로는 부족하다. 여성 일정 비율 할당은 많은 경우 "여성은 능력에 상관없이 우대받는다," "남성에 대한 역차별이다"라는 인식으로 이끌 수 있으며, 나아가 이는 구조적이고 체계적인 차별을 은폐하는 역할을 한다.

노동조합 간부 할당제 실시보다 우선적으로 되어야 할 것은 각각의 단계에서 여성을 체계적으로 배제하는 요인을 밝혀내고 그 요인들을 제거해 나가는 일일 것이다. 예를 들어 노동조합 활동 시간을 여성들의 생활 시간에 맞추는 것, 그리고 과거의 축적된 차별의 결과 형성된 성차별적 문화나 편견 등을 수정하기 위한 다양한 프로그램과 조치들을 실시하는 것이 필요하다.

7. 결론

우리사회에서 비정규 노동의 문제는 '노동문제'를 넘어 중요한 사회정치적 쟁점으로 부각되고 있다. 이는 비정규직 노동자가 규모 면에서 전체 노동자의 58%가 넘어 거의 800여만 명에 이르렀기 때문이기도 하지만 비정규 노동 자체가 우리사회의 불평등을 야기하는 주요한 요소로 등장하였기 때문이기도 하다. 그러나 아직도 비정규 노동 문제의 해결을 위한 실효성 있는 정책은 마련되고 있지 않다. 이미 수년 동안 비정규직의 '규모'와 '실태' 파악을 위해 '연구 중'이며, 정부와 노동계, 경영계에서 제시한 대안들은 정치적 이유로 합의에 이르지 못하고 있다.

여성운동조직 및 여성노동계에서 양대 노총 등의 노동조직에 비해 먼저 우리 사회 노동의 비정규직화 문제, 그리고 그러한 움직임의 부정적 영향과 심각성을 먼저 문제제기 시작했다. 다른 형태의 주변적 노동과 마찬가지로 비정규 노동도 노동시장에서 주변적 위치에 놓여진 여성들, 그리고 여성 직종을 중심으로 나타났기 때문이며, 단순 사무직 및 서비스, 즉 여성이 다수를 차지하는 직종이 일차적으로 비정규직화 하기 시작했기 때문이다.

그러나 노동운동 뿐 아니라 우리 사회에서 비정규직 문제를 둘러싼 연구와 담론들, 그리고 정책 결정 과정에서 여성들은 배제되고 있다. 대표적으로 노사정위원회의 비정규직 특위의 위원들은 모두 남성으로 구성되어 있다. 또한 비정규직 문제에 대한 연구의 대부분은 비정규직 여성들을 단순히 연구의 대상으로 삼을 뿐 그들의 문제를 해결하는 주체로 설정하고 있지 않다. 이러한 현상은 운동의 과정에서도 비슷하게 관찰된다.

비정규직 여성 조직화를 목적으로 설립된 전국여성노동조합을 제외한 대부분의 노동운동조직에서 비정규직 여성은 조직의 대상으로 존재하고 있을 뿐, 거시적인 구조의 수동적 희생자로만 부각되어 왔다. 기존의 연구들에서 비정규직 여성들은 신자유주의 정책과 노동시장 유연화 전략의 희생자 또는 수동적 실체로 다루어져 왔다. 비정규직 여성은 노인, 어린이와 같은 약자로 분류되어 국가가 '보호'해야 할 대상으로 간주되어 왔다.

지금 단계에서 필요한 것은 비정규 노동에 대한 차별이 어떠한 논리와 조건 아래에서 유지되고 재생산되는지, 그리고 그러한 과정에서 여성 비정규직 노동자들의 저항이 어떠한 조건에서 이루어질 수 있는지에 대해 탐색해 나가는 작업일 것이다. 이를 통해서만 이 비정규직 및 노동시장 유연성에 대한 결정론적 관점의 문제를 지양하고, 여성의 경험을 토대로 한 여성친화적인 정책 방향을 제시를 위해 필요한 논의가 가능할 것이다.

제 3 장

지구화 시대의 여성환경문제와 대응

석 인 선

1. 서론

1) 연구배경과 목적

20세기는 19세기 열강들의 패권주의로 인한 공간 지배의 정당성이 붕괴되면서 국가마다 부를 추구하는 경제의 세기였다. 경제발전이 일정 부분 인간의 삶을 풍요롭게 한 것은 사실이나 이제는 그 정도가 지나쳐 인류의 장기적인 생존 그 자체와 생태계를 위협하기에 이르렀다. 새롭게 맞이한 21세기는 동서의 갈등 대신 환경문제라는 새로운 위협에 직면하고 있다(여성환경연대 엮음, 박영숙, 2001: 19).

최근 심각하게 우려되고 있는 지구환경문제는 특정 국가나 지배블럭의 경제·정치적 이해관계를 위해 조작 내지는 과장된 면이 없지 않지만, 분명 현실세계에서 위기적 양상으로 드러나고 있는 문제현상들에 근거하고 있다. 환경문제는 기본적으로 파괴·오염원의 주변에서 국지적으로 발생하지만, 한편으로 문제 발생원의 공간적 확산과 다른 한편으로 발생한 오염물질의 지리적 이동으로 점점 외곽으로 팽창하여, 국가적으로 나아가 세계적으로 확산된다. 물론 이러한 지구환경문제에 대한 논의는 모든 환경문제가 세계적으로 발생하며, 이로 인해 국지적 환경문제는 무시될 수 있다는 의미는 결코 아니다. 오히려 국지적인 환경문제는 해당 지역주민들의 생존과 생활을 더욱 심각하게 위협하고 있다. 그러나 지구환경문제가 국지적 환경문제와 더불어 주요한 논의 대상이 되는 이유는 첫째, 오늘날 지구환경문제는 전인류의 생존을 위협할 정도로 심각하며 둘째, 국지적 환경문제도 이러한 지구환경문제로 인해 더욱 악화 고조될 수 있고 셋째, 국지적 환경문제도 세계적으로 구조화된 경제·정치적 배경 하에서 발생하기 때문이다(최병두, 1995: 186－188).

1983년 유엔은 세계환경개발위원회(WCED)를 설립하고, '변화를 위한 지구적 의제'를 마련할 의무를 부과하였다. 브룬트란드가 주도하여 1987년에 '우리 공동의 미래(Our Common Future)'라는 보고서를 출간하였다. 브룬트란드보고서는 인구, 식량, 생물종 보전, 에너지, 산업, 도시화, 평화 등의 사안들을 논의하면서, 자원기반을 지속시킬 새로운 경제발전 형태를 요구하고 있다. 이 보고서는 "지속가능한 발전이란 미래세대의 욕구를 충족시킬 수 있는 능력과 조건을 저해하지 않으면서 현세대의 욕구를 충족시키는 발전을 의미한다……지속가능한 발전은 모든 사람들의 기본적인 욕구를 충족시켜야 하며, 보다 나은 삶을 영위하고 싶어하는 사람들의 바램을 충족시켜주는 기회를 아무런 제한없이 제공할 수 있어야 한다"라고 선언하고 있다. 환경과 인간간의 새로운 관계정립의 움직임 속에서 환경과 자원 또는 환경과 경제성장의 문제를 조화시키기 위해 많은 학자들과 정부로부터 제기되어 등장한 개념이 바로 지구환경문제의 중핵 개념인 지속가능한 발전[1]개념이다. 이를 위해 인구와 성장은 생태계의 잠재력, 제약조건과 조화되어야 한다. 지속가능한 발전은 어려운 선택, 정책, 제도, 정치적 의지의 결과로서만 달성될 것이다. 위원회는 바람직한 경제성장은 다음의 두 가지 조건, 첫째, 교환과 연루되는 생태계의 지속가능성, 둘째, 교환기반의 형성성 그리고 지배공식에 딸려있다고 주장하면서, 인구, 식량, 에너지 같은 분야들에 대한 권고와 함께, 지속가능한 경제성장을 어떻게 달성할 것인지에 대해 상세한 권고를 하고 있

---

1) 오늘날 '지속가능한 발전'이라는 개념은 입장에 따라 서로 다른 방식으로 이해되고 있다. 당연히 그것이 달성되었을 때 생길 변화가 과연 어떤 것인가에 관한 정의와 인식에도 커다란 차이가 존재한다. 환경변화의 핵심요소이기도 한 '지속가능한 발전'이라는 개념은 논리적으로 환경파괴와 자원고갈로 귀결될 수밖에 없는 경제성장 모델 그 자체에서 생성원인을 찾아야할 것이다. 자연에는 한계가 있지만 진보는 계속되리라는 신념이 이제 도전받고 있는 것이다. 브룬트란드위원회의 보고서 '우리공동의 미래'는 지속가능한 발전에 대하여 국제적인 관심을 불러일으켰다는 의미에서 이정표적 문건으로 평가되어야 한다. 사실 많은 학자들이 지속가능한 발전에 대하여 이 보고서의 정의를 논의의 출발점으로 삼았다. 본문에서 기술되고 있는 브룬트란드위원회의 보고서의 선언 내용은 자주 인용되는 지속가능한 발전개념에 관한 정의 내용이다. 브룬트란드보고서에 대한 비판은 주로 현재의 경제성장 유형은 지속가능한 발전과 조화될 수 없으며, 환경회복을 위해서라도 경제성장이 이루어져야 한다는 주장이 오히려 더 많은 환경파괴를 초래한다는 내용을 논리로 하고 있다. 그러나 다른 측면에서 그 보고서에서 지속적인 경제성장을 지지하는 내용은 주류측 경제·개발·정치기구 등에서 받아들이고 있는 '지속가능한 발전'개념의 토대가 되고 있다. 왜냐하면 그것은 본질적으로 현재의 경제구조를 위협할 우려가 전혀 없으며, 현상태를 유지하기 위해서도 지속적인 경제성장이 필요불가결하다는 것을 주장하는 것은 매우 중요하기 때문이다.

다(캐롤린 머천트, 2001: 303－304).

이처럼 지속가능한 발전은 세계환경개발위원회가 1987년 4월 발표한 '우리 공동의 미래'라는 브룬트란드보고서에서 등장한 이래 환경정책의 새로운 이념으로 정립되었고, 그 후 1992년 6월 브라질의 리우에서 개최된 유엔환경개발회의(UNCED)의 '환경과 발전에 관한 리우선언'에서 중심테마가 되어 새로운 국제질서로는 물론 각국의 환경정책이념으로 정립되었다. 리우선언과 의제21은 세계 각국에서 지속가능한 발전의 원칙을 국내법적 차원에서 구체화하여 실행할 것을 촉구하였다. 이후 2002년 8월 26일부터 9월 4일에 걸쳐 남아프리카공화국의 요하네스버그에서는 '지속가능한 발전을 위한 지구정상회의(WSSD)'가 개최되었는데, 지속가능한 발전 개념은 여전히 지지되어 '지속가능한 발전을 위한 요하네스버그선언'이 채택되었다. 요하네스버그회의에서는 리우회의에 따른 각종 실행성과를 점검하고 '지속가능한 발전'을 위한 실천적 내용들이 보다 심도있게 논의되었다(박균성·함태성, 2004: 52).

그러나 지속가능성에 대한 발전지향적, 기술적 접근법은 모두 비판받고 있다. 경제학자인 로리 앤 스럽은 지속가능성에 대한 접근법에 있어서 두 가지 집단으로 나누어 보고 있다. 지배적인 집단에는 주로 백인, 남성, 중산층, 교육받은 전문가들이면서, 능력 있는 주류 환경단체, 개발기구, 은행, 민간 컨설팅 회사, 대학에 고용되어 있는 북반구 선진국 과학자들과 보호주의자들이 포함된다. 이러한 집단들은 야생과 종 보전, 기술적 해결, 인구조절이라는 목표를 강하게 지향하고 있다. 이들은 빈곤, 주거난, 쓰레기와 독성폐기물 처리시설의 빈민가와 제3세계 입지, 그리고 노동자 건강 등의 사회문제를 평가절하 하는 경향이 있다. 또 다른 집단은 제1세계와 제3세계의 지역 주민운동 조직, 토착민 운동, 반체제 녹색주의자, 도시의 소수인종 운동, 그리고 소수의 학자들로 구성되어 있으며, 이들은 모두 토지, 건강, 교육, 삶의 질에 있어서의 사회정의를 강조한다(캐롤린 머천트, 2001: 306-308). 스럽은 주류 지속가능성접근법을 비판하고 있다(Lori Ann Thrupp, 1990).

이러한 지속가능성을 위한 시도와 접근법은 주류와 지역 주민환경 운동 조직, 과학자와 정치적 활농가, 제1세계와 세3세계의 관심사들과 사람들을 모두 포괄한다. 또한 현상유지라는 한쪽 극단에서부터, 급진적이고 구조적인 사회적, 환경적 변화라는 또 다른 끝에 이르기까지 다양하다. 지속가능성을 위한 시도와 접근법은 생산조건을 변혁하여 생태적으로 생존 가능하게 만들 수 있는 잠재력을 가지고 있다. 이처럼 '지속가능성이 과연 의미 있는 변혁을 위한 가능성 있는 조건인가'라는 물음에 대한 해답은 가능성들의 스펙트럼을 따라 어느 한 지점에 놓여 있으며, 이는 정책, 노동, 그리고 자금지원이 진보적인 경제적, 정치적 우선 순위를 향해 얼마나 새롭게 돌려질 것인지 여부에 상당 부분 달려있을 것이다(캐롤린 머천트, 2001: 308-309).

이러한 지구환경상황에 대한 인식으로부터, 본 연구는 우선 지구환경문제를 지배하는 지속가능한 발전의 개념 하에서 지구화가 환경정책에 어떠한 영향을 주고 있으며, 지구화를 도전으로 활용하고자 할 때 요구되는 정책은 어떤 것인지 등을 탐구함에 있어서 여성주의적 접근의 필요성과 의미를 논의하고자 한다. 또한 환경문제해결에서의 여성잠재력을 극대화하고 나아가 지구화 시대의 지속가능한 발전에 기여하기 위한 여성환경활동의 대응 방향과 생태여성주의(ecofeminism)적·생태지역주의(bioregionalism)적 인식으로의 전환의 중요성을 제시하고자 한다.

2) 연구방법

지구화 시대에는 더 이상 순수한 지구, 지역은 없고, 지구화와 지역성은 결합된 양태로 전개되며 이러한 양상은 환경문제에서 잘 나타나 있다. 지구화 시대에 지속가능한 발전의 이념이 지구환경보전의 원리로 형성되기 시작한 이후 다양한 차원에서 그것을 구현·실행하기 위한 노력이 경주되어 왔다. 지속가능한 발전은 무엇보다도 그 핵심에 있어 인간의 복지에 관한 것으로서, 인간의 자연자원에 대한 절대적 의존성과 경제발전에 대한 보편적인 욕구를 전제로 하는 개념이다. 따라서 이러한 전제를 바탕으로 환경가치를 중시하고 경제 등 다른 국익 가치와의 실천적 조화를 꾀하면서 동시에 세대간 형평과 사회적 형평을 확보함으로써 환경과 개발을 통합시키는 것이 지속가능한 발전의 개념이 지닌 최소한의 공통분모라고 할 수 있을 것이다(홍준형, 2001: 77). 이러한 지속가능한 발전의 정의에도 불구하고 여전히 보는 관점이나 사회적 맥락의 차이에 따라 지속가능한 발전의 개념이 상이하게 파악될 여지가 남아 있다. 여기서 환경과 지속가능한 발전에 있어서 여성의 복잡한 역할에 관한 다양한 견해와 행동들에 대한 이론틀을 제공할 필요성이 제기된다. 그런데 여성이 환경활동과 맺는 관계는 대상화된 여성으로서의 환경활동, 하나의 주체로서의 여성환경운동, 그리고 여성적 관점에 터한 환경운동으로 유형화되는데, 여기에서 여성적 관점이란 성평등과 여성성의 관점을 말하고, 궁극적으로 여성환경활동은 '자연파괴와 함께 여성억압을 사회구조적으로 인식하고 이를 여성적 관점에서 해결하기 위한 여성들의 주체적·집단적인 움직임'을 지향하는 것으로 본다(여성환경연대, 2000:19). 이러한 인식에서 출발하여 본 연구는 지구화 시대에 지속가능한 발전을 위한 환경정책 수립에 있어서 여성주의적 관점이 관통하는 정책은 어떻게 구상될 수 있는지를 탐구한다. 이러한 탐구를 위해서는 환경정책구상의 전제가 되는 여성주의적 관점을 정립하는 것이 선행되어야 한다. 따라서 본 연구는 서구에서 여성과 환경의 관련성을 논하거나 여성환경운동과 주의를 설명 분석하는 이론들을 검토한다.

　본 연구의 연구방법은 국내외 학자들이 펴낸 저서, 논문들을 참고하며 환경정책과 여성환경운동에 관한 논의와 이론을 검토한다. 이러한 자료분석과 문헌들을 통한 간접자료의 연구검토에 의해 이론을 종합하는 경험적 방법을 택한다.

2. 여성과 환경문제

1) 지구환경변화와 여성의 역할인식

　지구환경문제에 대한 초기 논의들의 대부분은 전 지구적 변화의 문화적 차원을 고려하지 못하였다. 이러한 문화적 차원은 우리로 하여금 지구화를 환경에서의 변화에 연결되어 있으나 그 자체로 구별 가능한 문화적 과정으로 생각하도록 이끈다. 환경문제의 전 지구적 확장은 환경에 대한 이해방식에서의 중요한 변화와 나란히 진행된다(King, 1991; McCormick, 1989). 지구화라는 말은 상호연관성을 함축하지만, 영상들과 표상들은 분명히 상이한 방향으로 흐른다. 전 지구적인 문화적 관계에는 환경에 대하여 독특하고 상호연관된 함의를 갖는 상이한 차원들이 있다(마이클 레드클리프트·테드 벤튼 엮음, 1997: 29).

1980년대에는 '성장의 한계'가 자원고갈과 식량부족에 있을 것이라고 판단되었다. 그러나 1990년대 시각에서 볼 때에는 견해가 다르다. 오늘날 '한계'를 제공하는 것은 성장의 '외부재들'(특히 대기오염과 수질오염)이다. 소비유형은 북쪽에서의 유효수요에 의해 추동되지만, 기후변동과 생물다양성의 감소의 형태로 나타나는 자원소비 증가의 결과는 지구 전역에서 감지되고 있다. 또한 북쪽의 '환경적' 의제와 가장 가난한 나라들이 공유하고 있는 '발전'의 의제 사이에는 커다란 차이가 있으며 그 차이는 더욱 증대되고 있다(마이클 레드클리프트·테드 벤튼 엮음, 1997: 30). 1992년 7월 리우에서 열린 유엔환경개발회의(UNCED)는 이러한 차이를 뚜렷이 보여준다. 뿐만 아니라 발전에 따른 환경악화의 영향은 자연에 대한 문제에 그치지 않을 뿐 아니라 모든 사람에게 동시에 그리고 평등하게 영향을 미치지 않는다는 점이 지적된다. 또한 인간사회의 구조 및 생물로서의 인간의 성질을 반영하여 사회적 약자와 생물학적 약자인 인간집단에 피해가 가중되고 있으며, 환경파괴의 책임도 공정하게 이루어진다고 볼 수 없다(안정선, 1999: 327-8).

실질적으로 생태학적 측면에서 전지구적 생태위기는 생산, 재생산, 그리고 세계관 등 모든 사회 수준들과 관련되어 있으며, 이는 제1세계, 제2세계, 제3세계 사람들에게 차별적인 영향을 미친다(Carolyn Merchant, Ecological Revolutions: Nature, Gender and Science in New England(Chapel Hill: University of North Carolina Press, 1989))(캐롤린 머천트, 2001: 48). 생태와 생산과의 관계는 전지구적 생태위기를 구성하는 첫 번째 모순을 유발한다. 인산의 생산체계는 모든 생태적 과정을 통합하고 있는 생지화학적 순환과 에너지 교환을 통해 자연에 대한 압박을 점차 강화시키고 있다. 고갈과 오염이 가속화되면서, 이는 자연의 복원력을 넘어서게 되고, 인간의 공격으로부터 스스로 회복할 수 있는 자연의 능력을 심각하게 손상시키고 있다. 하지만 생산체계는 대부분의 제3세계와 토착문화의 경우에서처럼 기본적 생계를 지향하거나, 아니면 제1세계 자본주의 경제와 그에 의존적인 제3세계 식민경제에서처럼 시장교환을 지향할 수 있다. 결국 서로 다른 생산체계들은 서로 다른 경제발전 양상들에서 비롯되는 서로 다른 생태적 영향을 가져온다(캐롤린 머천트, 2001: 48-49).

특히 정치경제적 측면에서 불균등발전과, 그에 따른 차별적인 경제적, 생태적 영향의 양태는 16세기 이래로 등장한 전지구적 시장경제가 만들어낸 산물이다(캐롤린 머천트, 2001: 49). 오늘날의 전지구적 자본주의체제는 이와 같이 선진국의 산업화된 경제중심지와 저발전된 제3세계의 주변부 경제간의 근본적인 분업에 근거하고 있다. 산업화된 국가들에서와는 달리, 주변부 경제에서는 낮은 값으로 커피, 설탕, 황마, 고무, 광물 등 1차 상품들을 수출하고, 엘리트를 위한 사치재와 군수물자를 수입한다. 대중적 소비재는 북반구 자본(서유럽, 북미, 일본)과 남반구 노동(아시아, 남미, 아프리카)에 의해 생산되어, 북반구 소비자들과 제3세계 엘리트들에 의해 소비된다. 신식민주의는 힘이나 자원의 약탈에 의한 예속화 대신 경제적 투자와 대외원조 프로그램을 이용하여 경제적 헤게모니를 유지한다. 오늘날 부채에 대한 이자 비용은 수출 총수입을 넘어서고 있으며, 그에 따라 빈곤국가들의 산업화된 국가들에 대한 의존은 더욱 심화되고 있다. 제3세계에 대한 대부분의 개발원조가 선진국의 발전 유형에 근거하고 있는데, 이러한 천편일률적인 성장 모델은 제3세계가 경제적 의존의 악순환을 깨부수는 데에는 부적절할 것이다. 요컨대 선진국의 환경문제의 근원은 산업오염, 폐기물, 과도한 소비, 그리고 계획적인 노후화에 있는 반면, 제3세계의 환경문제는 빈곤과 굶주림, 한계 토지에 대한 과잉 인구, 그리고 불균등한 토지 분배에서 비롯된다(캐롤린 머천트, 2001: 50-51). 구 소련연방과 동유럽국가들의 제2세계 국가들은 선진국과 제3세계와는 그 성격이 다른 환경문제를 경험하고 있다. 미국과 구소련의 환경문제 사이에는 중대한 차이가 있다. 구 소련연방에서는 환경파괴 대부분이 소비보다는 산업 생산의 결과로 발생한 것이다. 미국과 같은 소비지향 사회가 만들어내는 산물들은 제2세계에서는 중요한 환경문제가 아니다. 사실 환경문제는 자본주의와 사회주의 모두에 존재한다. 하지만 중요한 구조적 차이가 존재한다. 자본주의에서는 경제성장이 본질적인 것이지만, 사회주의에는 그렇지 않다. 양체제 모두 역사적으로 성장을 지향해 왔으며, 관료주의 비효율, 잘못된 계획, 비효율적인 규제 그리고 시민들의 항의를 경험해왔다. 제2세계가 현재의 경제와 환경위기를 과연 해결할 것인지는 분명하지 않다. 그리고 시장경제를 도입하기 위한 노력들이 환경문제를 더욱 악화시킬 것인가도 분명하지 않다. 아마도 전 세계적 환경위기 속에서 새로운 체제가 등장할 것이며, 이는 환경문제를 다른 방식으로 다루게 될 것이다. 제1세계, 제2세계, 제3세계에서 일어나고 있는 환경운동들은 앞으로 중요한 역할을 할 것이다(캐롤린 머천트, 2001: 54－55).

현실적으로 개발도상국의 환경변화에 대한 선진국의 이해와 총체적인 발전 이론 사이에 존재하는 간극은 매우 넓으며, 또한 환경문제가 무엇인지를 밝히는 것과 문제해결을 위한 실천가능한 정책들을 수행하는 것 사이에 존재하는 간극 역시 매우 넓다(마이클 레드클리프트, 1993: 41). 현재의 발전정책은 개발도상국에서 자원고갈을 수반한 환경문제를 악화시킨다. 개발도상국에서 지속가능한 발전을 가능케하는 발전적 모델을 선택할 수는 있지만, 기존 공업국가들이 이를 권하지 않을 것이며, 또한 이러한 선택은 기대와 수요의 고통스러운 변화를 요구할 것이다. 결국 환경문제를 해결할 수 있는 국제사회의 능력을 제약하는 것은 기술적인 문제가 아니라 정치적이고 경제적인 문제이며, 제약의 많은 부분은 선진국들의 수요구조와 선진국들과 저발전국가들 사이의 관계에서 연유한다. 이는 특히 환경보호를 위해 필요한 많은 수단들에서 사실로 드러난다(Global 2000, 1982: 229). 재난방제, 기근, 계절에 의한 주기성, 여성 등과 같은 각 영역에서 현재의 자원이용은 사회에 각각 상이한 영향을 초래한다. 종종 단순히 '자연적 힘'으로 인식되고 있는 환경이 사회관계와 사람들의 생활기회를 형성하는데 중요한 역할을 한다. 북쪽 사람들과 북쪽과 유사한 소비습관에 익숙해진 소수 남쪽 사람들의 소비수요를 만족시키는데 필요한 자본축적의 추동력으로 인하여 자원의 고갈과 쓰레기발생이라는 두 측면에서 값비싼 대가가 강요되고 있다. '발전'은 자원에 의해서라기보다는 경제적 이데올로기에 의해 유지된다. 따라서 경제체계가 비대해지면 질수록 더 많은 것을 파괴하고, 또 경제체제를 단지 유지하기 위해 더 많은 것들이 생산되어야만 한다. 대부분 선진국들은 자원보존보다 자원사용에 편향되어 있다(마이클 레드클리프트, 1993: 43).

북쪽에서의 환경에 대한 각성은 그것의 기원이 아무리 모호하더라도 발전에 관한 사고에서의 변화를 보여준다. 공업성장과 관련된 환경파괴 및 기술변화와 관련된 위험을 제한하려는 정책적 개입이 점점 더 추구되고 있다. 이러한 과정에 대해서 대체로 두 가지 견해가 있다. 증가된 지속가능성은 전과정분석(Life Cycle Analysis: LCA) 등과 같은 좀 더 개선된 환경관리법 및 기술을 통하여 생산물과 서비스 속에 통합되어야 한다. 그렇지 않다면 이것들은 우리 현재의 기술적 명령의 포기와 근본적으로 상이하고 더욱 녹색적인 형태의 사회적 삶의 채택에 의해서만 피할 수 있는 하나의 위협을 뜻하게 될 것이다. 이런 형태의 사회적 삶은 삶의 양식의 변화를 포함하지만, 또한 사회구조적 변동에 대한 더욱 근본적인 견해를 포함할 수도 있다. 지속가능성을 둘러싼 북쪽에서의 담론은 이 두 가지 접근들 사이에 불편하게 사로잡혀 있다. 첫 번째 담론은 과학자들과 정부의 담론이고, 두 번째 담론은 녹색주의적 압력단체와 공공대중의 담론이다(마이클 레드클리프트·테드 벤튼 엮음, 1997: 31). 그러므로 진정한 환경문제의 해결은 사회개발의 모델의 수정이나, 과학기술의 환경 친화적 발전 등을 통해서가 아닌 환경문제의 불평등성의 인식과 함께 문제를 동시에 해결할 수 있는 사회적 통합을 위한 틀을 제공해야 할 것이다(토다 기요시, 1996: 12-23).

이러한 인식과 함께 환경위기, 빈곤, 성차별의 심화는 상호 연관되어 있으며 이는 수익과 노동의 구조적 불평등에 둔감한 환경이념으로는 문제해결의 가능성이 없다는 논의가 제기되고 있다(로빈 애트필드, 1991: 66). 이러한 전반적인 논의를 전제로 환경위기를 극복하기 위해 여성을 자연과 환경의 개발과정에서 제외시킨 의사결정구조에서 여성의 눈으로 환경문제를 보며 자연과 여성에 대한 지배적 힘의 재편을 통한 관계의 회복이라는 새로운 인식적 패러다임의 필요성이 대두되게 되었다(마이클 레드클리프트, 테드 벤튼 엮음, 1997: 167).

사실 지속가능한 발전 등으로 대표되는 지속가능성이란 기존의 사회발전의 타당함을 전제로 개발위주의 발전과 이에 따른 환경의 지속가능성이라는 인식수준의 것이며 사회과학적 논의들로 발전의 틀에서 기술관리적 처방 및 당위론적 결과물에서 벗어나지 못하고 있는 것이 현실이다. 이러한 현실에서 수혜자요, 소비자이며, 불평등한 역학적 소외자인 여성이 그 역할에서 사회변화 및 환경문제 해결의 주체로서 적극적 참여자로 전환함으로써, 여성의 역할이 사회과학적 탐구의 필요성을 담보해낼 수 있는 가능성이 검토되어야 한다(아이린 다이아몬드, 글로리아 페만 오렌스타인 엮음, 1996: 42-43). 아울러 이러한 현실적인 환경문제에 대한 근본적 차원의 반성 및 실천에 공유할 수 있는 대안적 역할의 중심에 여성을 자리 매김 하는 것이 필요하다(안정선, 1999: 329).

2) 지구화 시대의 여성환경문제

여성들이 환경문제에 본격적인 관심을 갖게 된 계기는 1985년에 열렸던 '나이로비 여성회의'에서이다. 이 회의에서는 무엇보다도 여성의 근본적 역할이 강조되었고 또 여성이 환경오염의 피해자라 보는 시각을 탈피해 보다 적극적인 여성의 역할이 강조되었다. 이 회의 결과 채택된 '2000년을 향한 나이로비 여성발전전략'에서는 특히 개도국 여성들이 직면한 환경문제를 해결하고 이들의 생활개선을 추구하는 등의 여성과 환경분야가 강조되었다. 이 회의 이후부터 여성환경운동은 구체적인 전략모색의 단계로 돌입하게 된 것이다. 세계여성환경운동은 1992년 리우회의를 계기로 새로운 분기점을 맞게 되었다. 즉 1970년대부터 진행되어 온 여성환경운동이 세계적 측면에서 결실을 맺고 또 환경보호에서 여성의 역할이 공인 받게 된 것이다. 또한 리우회의를 계기로 여성들은 여성과 환경문제에 대해 각 국가들과 각 지역들이 서로 다른 견해를 가지고 있음을 깨닫게 되었다. 따라서 자신의 생물학적 특징이나 사회적 지위에 기인해 '보살핌의 윤리'를 가진다는 생태여성주의의 신념이 실제로는 여성들이 처한 지역적 상황 및 특수 상황을 충분히 반영하지 못하였다는 평가가 제기되면서 지역적 특수성이 강조되었다. 이 회의를 계기로 향후 여성환경활동은 구체적이고, 지역적인 다원화의 개념이 더욱 강조되었고, 이러한 연장선 하에서 여성환경활동의 당면과제는 환경 및 개발분야의 여성세력화작업임을 공통적으로 인식하게 된 것이다. 그러므로 지역차원의 특수성에 입각한 활동경험을 토대로 풀뿌리, 국가적·지역적·전 세계적 차원의 연대활동의 필요성이 제기된 것이다(권경희, 2000: 194－195).

리우회의 이후 여성환경문제는 거의 모든 회의에서 중요한 의제로 포함되게 되었다. 1993년 비엔나 세계인권회의, 1994년 카이로 국제인구개발회의, 1995년 코펜하겐 사회개발정상회의 등 유엔개발회의에서도 그 의제가 포함되어 왔다. 특히 1995년 베이징에서 개최된 제4차 세계여성회의에서는 주요 개발의제로 통합된 여성환경문제가 여성운동의 시각에서 본격적으로 다루어졌다. 그러나 대부분 개도국의 경우 여성환경문제에 있어서 그 의제는 국제환경문제의 쟁점인 지구온난화나 야생생물군, 유전자원의 보존과 같은 '녹색의제'보다는 여성의 삶에 직접적으로 영향을 미치는 갈색의제의 특징을 띠어왔다(김이선, 1998: 16－17).

대체적으로 볼 때 동북아 국가들은 국가별로 아직도 여성환경정책의 목표가 환경과 자원관리 차원에서 여성의 역할과 의사결정과정의 여성참여 증진에 머무르고 있다. 다시 말해 동북아지역 국가들의 경우 여성환경정책의 상당 부분이 지역적 차원이나 지구적 차원의 환경보존보다는 우선적으로 여성들의 생활환경개선이 중심이 되어 왔으며, 여성들의 환경활동 역시 이와 관련되어 전개되어 왔음을 알 수 있다(권경희, 2000: 197).

3. 여성과 지속가능한 발전에 관한 논의

1) 지속가능한 발전에 관한 논의

지속가능한 발전개념은 역사적으로 20여년의 시기를 거쳐 발전해 왔다. 지속가능한 발전을 바라보는 시각에는 주류와 비주류의 시각이 있다(Adams, 1993). 전자가 유엔의 작업들, 즉 세계환경개발위원회 (WCED)나 유엔환경개발회의(UNCED)의 작업과정을 중심으로 수렴되고 발전된 입장이라면, 후자는 1972년 이후의 지속가능한 발전에 대한 논쟁과정에서 생태발전론자 또는 녹색적 대안발전론자들을 중심으로 전개된 입장을 지칭한다(도날드 워스터 외/문순홍 편역, 1995: 12). 지속가능한 발전 개념이 하나의 공식어로 등장한 것은 1979년에 유엔 심포지엄의 주제로 선택된 뒤부터였다. 주류로서 지속가능한 발전 개념은 1980년 '세계보호전략선언문', 1987년 '우리 공동의 미래', 1991년의 '지구의 관리'를 통해 형성되었고, 리우회의에서 채택된 21세기를 향한 구체적 행동지침인 '의제21'에서는 '생태적으로 건전하고 지속가능한 발전' 개념으로 압축되었다2). '우리 공동의 미래'에서

---

2) 반면 비주류로서의 뿌리는 1972년 생태발전론에서 1974년 '코코욕선언문 (Erklaerung der Cocoyok)'과 1975년 '닥-하마르콜드-보고서(Dag-Hammarskjoeld -Bericht)'를 거쳐, 이후 1982년 나이로비 자연헌장과 생태적으로 건전하고 지속가능한 발전 개념을 비판하는 마이클 레드클리프트, 빌 아담스, 루돌프 바로, 머레이 북친 등의 녹색발전론 계열이나 내생적 발전론(Endogeneous Development) 계열로 집약된다.

'지속가능한 발전'이란 개념은 인간들간의 조화, 인간과 자연간의 조화를 촉진하는 것으로, '미래세대의 욕구를 충족시킬 수 있는 능력을 위태롭게 하지 않고 현세대의 욕구를 충족시키는 발전'으로 정의되어 있다. 이 개념은 다시 두 개의 물음을 중심으로 구성되는데, 그 하나는 '지속가능하다는 것이 무엇인가?'이고, 다른 하나는 '발전이란 무엇인가?'에 관한 것이다.

'지속가능성이란 무엇인가?'라는 물음에 대해 브룬트란드보고서는 두 가지의 답을 내놓고 있다. 첫째, 현재의 시점을 살아가는 세계인들 모두의 지속가능성에 관한 것이다. 즉 현세대의 평등한 생존과 삶의 질 충족을 위해 '세계의 가난한 사람들을 위한 기본필요'에 일차적으로 우선 순위를 부여하는 것이다. 그래서 이러한 기본필요를 넘어서는 소비수준은 지속가능성이 충족되는 상황에서만 인정되어야 한다. 둘째, 현세대의 지속가능성 못지 않게 미래세대의 지속가능성을 지향한다. 그래서 이 보고서는 자연의 한계성을 깨뜨리지 않기 위해 인간의 자연개입이 제한되어야 한다고 주장한다. 사실 그 동안의 성장은 인구나 자원사용에 전혀 한계를 설정하지 않은 성장이었고, 그 결과 현재의 생태재앙과 경제위기가 야기된 것이다. 그런데 이 보고서는 그동안 논란되었던 경제활동에 대한 자연적 한계를 상대적 한계 개념으로 받아들인다. 즉 "경제성장한계란 이념은 기술발전 상태와 사회조직에 의해 부과되는 것으로 이 두 요건이 현재와 미래의 욕구를 충족시킬 수 있는 환경의 수용력을 결정한다"라고 기술하고 있다. 지속가능한 발전 개념을 정의하는 두 번째 물음, '발전이란 무엇인가?'에 관해 '우리 공동의 미래'는 발전개념의 양면성을 제시하고 있다.

지속가능한 발전의 '발전'은 경제적 복지증진을 위한 경제성장을 한 구성부분으로 하며, 다른 한부분으로 "경제와 사회의 점진적 변화도 포함된다"고 정의함으로써 사회변화를 다른 한 구성부분으로 받아들이고 있다. 특히 이러한 지속가능한 발전으로서의 '사회경제적 변화'란 1992년 리우 회의 '의제21'을 통해 선진국에 대해선 생활양식의 변화와 소비형태의 전환을, 개도국에 대해서는 '경제와 사회의 변화과정'을 지칭한다(도날드 워스터 외/ 문순홍 편역, 1995: 13-14).

지속가능한 발전 논의에서 가장 논쟁적인 두 개의 주제는 경제성장과 세대 내 및 세대간 평등의 문제이다(Dixon & Fallon, 1989). 지속가능한 발전이라는 용어 사이에 놓인 갈등은 절대적 빈곤계층이 다수인 국가의 행정부가 지속가능성 정책에 성공하기 위해 빈민층, 중간층의 희생을 동반하게 되며, 경제성장과 세대 내 및 세대간, 성별간 평등의 문제 사이에 개념의 영역을 놓고 끊임없는 갈등 관계를 되풀이하게 된다(로지 브라이도티 외, 1995: 222-227). 지속가능성과 질적 성장과의 사이에서는 양적으로 고정된 성장 논의로부터 추상적이고 무결정적인 상태의 삶의 질 개념으로 전환되고 현실적으로 기존제도나 기술체계를 포기하는 전략이 담겨져 있어, 복지수준이 높은 국가에서는 가능하나 남쪽의 국가들이 선택하기에는 특정 발전 패턴을 포기해야 하는 어려움이 따른다. 그러므로 생태계위기라는 역사적 과제를 다루기 위해서는 실질적 관리를 위한 생활 실천적 측면의 방법 등이 고려되어야 한다. 세대 내 평등의 문제는 현재의 자원에 대한 평등한 자원접근의 문제, 예를 들어 북쪽과 남쪽의 관계뿐만 아니라, 사회내의 다양한 계층들 사이에서의 공정한 경제자원 접근을 내용으로 하는 착취적인 사회체계와 환경파괴간의 관계문제도 포함하고 있다. 여성들은 평등한 권한과 평등한 자원접근권 및 자원통제권을 요구하고 있다. 많은 논의 속에서 지속가능한 개발은 참여민주주의와 국가권력이 지역사회로 이전되는 것과 연관이 있는 것으로 묘사된다. 이러한 연관성은 남쪽뿐만 아니라 북쪽의 녹색당이나 여러 사회운동 단체의 주장에서도 분명히 나타난다(로지 브라이도티 외, 1995: 228).

정치가나 사회과학자들은 지속가능한 사회란 정치제도나 사회제도들을 재생산할 수 있는 사회를 지칭하며(도날드 웨스터 외/ 문순홍 편 역, 1995: 43-46), 웨델베리 등은 지속가능한 사회는 소규모 농입사회라는 현실에 존재하지 않는 과거형의 경제기반을 바탕으로 한 지방공동체임을 주장한다(안정선, 1999: 329-330). 브룬트란드 위원회의 보고서인 '우리 공동의 미래'는 지속가능한 개발에 대한 국제적 관심을 불러일으켰다는 의미에서 평가받을 수 있으나, 현재의 경제성장 유형은 지속가능한 발전과 조화될 수 없으며, 지속적인 경제성장을 지지하는 내용을 바탕으로 한 지속가능한 발전은 비판의 초점이 되고 있다. 마이클 레드클리프트(Redclift, 1987)는 지속가능한 발전이란 개념 자체의 논리적 일관성 부족을 지적하면서, 환경은 다양한 계층에 의해 다양하게 인식되며 경제적 이해를 둘러싸고 갈등하는 사회집단에 의해 사회적으로 형성되고 지탱된다는 점을 지적하였다. 즉 권력관계의 역할에 대한 해명 없이 북쪽과 남쪽이 '동반자적 관계'를 맺고 있는 것으로 묘사하고 '공동의 이해가 존재하는 것'으로 암시함은 혼란스럽다는 것이다. 또한 아담스(Adams, 1992)도 지속가능한 발전은 포괄적 개념이며, 발전에 대한 서로 다른 입장과 의견들이 뒤섞

여 있다는 주장과 함께 정치, 경제, 사회적 상황과 연결시킨 환경 이
슈의 필요성을 강조하고 있다(로지 브라이도티 외, 1995: 222-223).

또한 로버트 챔버스(Chambers, 1987)는 '지속가능한 생계'라는 용어
를 사용하여 지속가능성이라는 개념에 대해 민중 지향적인, 지금까지
와는 다른 접근을 시도했다. 지속가능한 생계는 기본욕구에 대한 충
족, 낮은 위험성과 높은 안정성, 지역수준에서의 남쪽의 환경과 가난
과의 관계를 강조한다. 이 용어는 UNCED 기간 동안 수많은 NGO 기
록문서에서 채택되었으며 특히 여성행동 의제21에서는 정말로 많이
언급되고 있다. 리우 글로벌 포럼에서 여성들은 자신들의 목표가 부
자들을 위한 지속가능한 이익이 아니라 모든 민중을 위한 지속가능
한 생계라는 점을 수없이 반복해서 강조했다.

2) 여성과 지속가능한 발전에 관한 논의의 전개

여성과 지속가능한 발전에 관한 논의는 UN을 중심으로 한 여성 발
전 이론의 변화, 지속가능한 발전이라는 새로운 패러다임의 등장을
배경으로 한다. 여성발전문제에 대한 국제적 논의는 WID[3](Women in
Development), GAD[4](Gender and Development), WED[5](Women, Environment

---

3) WID는 1970년 초에 등장하여 1980년대까지 지배적인 영향을 미쳤던 UN의
  여성지위 향상전략이다. 이는 여성의 전통적인 성역할에 기초해 이를 좀더 효
  과적으로 수행할 수 있도록 하는데 초점을 두고 재생산 영역에서의 복지증진
  위주의 정책을 펼쳤다. 여성의 지위향상은 생산성 증가와 더불어 자연히 증가
  하는 것으로, 따라서 개발과 여성발전간의 갈등은 전혀 없는 것으로 보는 견
  해이다.
4) WID와 달리 GAD는 성역할이 사회적으로 구축됨을 강조하고 성차이의 이해
  를 위해서는 문화적, 사회적 요인에 대한 충분한 고려가 있어야 함을 강조하

and Development)로 발전되어 왔다(여성환경연대 엮음, 이미영, 2001:
79-80).

1950년대와 1960년대까지의 개발기구들은 여성의 경제적 역할을
재생산영역에서만 인정했다. 예를 들면 가사, 자녀출산과 양육, 그리
고 주부로서의 역할만을 인정하였다. 이러한 사고는 '여성 개발' 프로
젝트를 가족계획 및 인구조절 프로그램, 모자건강, 영양, 가정경제 등
을 중심으로 추진한 것으로 나타났다. 여성의 개발이란 주부나 아내
및 어머니로서의 역할을 발전시키는 것으로 여겨졌던 것이다. 캐롤린
모우저(Moser, 1989)는 그러한 접근방식을 '복지적 접근'이라고 개념
화하였다. 여성들은 경제의 재생산적 역할 내에서 단지 개발의 수혜
자로 간주되었던 반면, 농업분야 등에서의 생산적 역할은 경시되었다
(로지 브라이도티 외, 1995: 141). '개발에서의 여성(WID)'이란 용어는
1970년대 초에 만들어졌고, 원조국들의 관료제도 안에서 처음으로 별
도의 과, 부, 프로젝트 등의 형태로 제도화되었다. 그리고 '여성의 10
년'과 1985년 나이로비 여성개발회의 이후 여성사무국과 부 등의 관
료기구들이 남쪽 국가에도 설립되기 시작했다. 1975년 '평등, 개발,
평화'라는 주제로 멕시코시티에서 여성과 개발에 관한 1차 유엔회의
가 개최되었다. 그후 10년 동안의 주요 성과는 10년간을 마무리하는

는 개념이다. '생물학적 성'에서 '사회적 성과 발전'의 문제로 관심을 이동시
켜 남성은 발전의 주체로, 여성은 그 수혜자로 보는 시각을 거부한다. 따라서
경제성장이 바로 여성의 발전을 가져오는 것이 아니라 정치적 권력에의 통제
및 접근을 통해 여성발전이 이루어질 수 있다고 봄으로써 '세력화'와 '주류화'
에 관심을 둔다.
5) WED는 나이로비, 리우회의, 북경여성대회를 거치며 '지속가능한 발전과 여성
의 역할'로 구체화된다.

1985년 나이로비의 여성개발회의의 문건인 '미래를 내다보는 전략 (the Forward Looking Strategies: FLS)'으로써 정리되었다. FLS는 남녀평등의 요구를 실현하고 경제개발 주류 속에 여성을 통합시키는 것을 목표로 한다는 내용이었다. 즉 여성들에게 교육과 훈련, 그리고 토지와 자본과 같은 자원에 대하여 동등한 접근 기회가 주어져야 한다는 내용이었다(로지 브라이도티 외, 1995: 143-144).

WID는 원래 평등에 대한 요구를 제기하는 것이었다(Moser, 1989). 그러나 멕시코회의 뒤에 정부와 개발기구들은 평등에 대한 요구가 서구 여성해방론자들의 사상을 연상시킨다는 이유를 들어 빈곤을 추방한다는 맥락에서 여성의 평등을 추구한다는 점을 분명히 할 필요성이 있다고 제기했다. 그 뒤 평등에 대한 요구는 경제적 효율성 논쟁으로 이어졌다(Moser, 1989, '반빈곤 접근'). 여성들은 경제개발에 있어 유용하고 값진 자원으로 간주됐다. 1980년대의 국제경제상황과 부채위기는 남쪽의 빈곤인구를 증가시켰으며 소위 빈곤의 여성화를 초래했다. 개발은 여성의 기여(즉 노동부담)가 증가한 덕택에 마치 더욱 효율적이고 더욱 효과적으로 된 것처럼 생각되었고, 여성들의 참여가 평등으로 여겨졌다. 캐롤린 모우저는 이것을 여성과 개발에 대한 '효율성 접근'이라고 명명했다(로지 브라이도티 외, 1995: 144-145).

1980년대는 남쪽 여성운동의 괄목할만한 성장기였다. 1984년에 최초로 '새 시대를 향한 여성에 의한 개발(DAWN)' 네트워크가 인도에서 개최되었다. 남쪽의 여성연구자들이 WID적 접근 그 자체뿐 아니라 서구 개발모델을 비판하기 위해 합세하였다. 개발의 주류에 여성을 통합시키려는 것은 여성들이 바라는 종류의 개발을 선택할 기회를 제공해주지 못했다. 여성들이 가부장적인 서구의 개발양식으로 통합되기를 바라고 있는 것처럼 가정되었던 것이다. DAWN회원들은 여성주의의 관점에서 대안적 개발의 전망을 생각해 보도록 남쪽 여성들을 자극하는 중요한 역할을 수행했다. 1985년 포럼에서는 여성주의적 이상에 의거한 개발뿐만 아니라, 가부장적 사회의 변화에 대한 생각이 상당히 높은 강도로 제기되었다. 남성과 비교하여 여성들이 그들의 삶, 신체, 성성(sexuality)과 사회제도에 대한 통제력을 획득하는 하나의 수단으로써 여성자치에 대한 요구가 보다 광범위한 사회적 변혁의 필요조건으로 간주되었다. 여성의 사발적 조직들은 여성들이 그들의 요구를 공식화하기 위한 중요한 제도로써 여겨졌다. 여성과 개발에 대한 DAWN, 그리고 다른 주요 남쪽 단체들의 개념은 캐롤린 모우저에 의해 '권력강화 접근'이라 명명되었다(로지 브라이도티 외, 1995: 145-146).

1980년대 후반 이후 원조기구 내에서 이루어진 진전은 WID에서 '성과 개발(GAD)'로의 이행이었다. WID접근법은 여성의 참여와 이익을 증대시켜 개발을 더욱 효율적으로 만든다는 생각과 관련되어 있었다. 한편 GAD는 여성들을 개발에 통합시키는 것을 의미할 뿐만 아니라, 불평등한 사회적·성적 관계를 변화시켜 여성의 권한을 강화시키기 위하여 개발주도권에서의 잠재력 강화를 추구한다(Canadian Council for International Cooperation, 1991: 5). 성훈련(gender training)은 성분석(gender analysis)과 성계획(gender planning)이라는 수단과 함께 최근 대부분의 개발기구 안에서 제도화되었다. 여성의 평등을 실현시키는데 있어 하나의 중요한 요소인 GAD는 개발과정에서의 여성과 여성의 역할에 대한 가장 최근의 가장 진보된 사고이다. 그러나 하나의 접근법으로써 GAD는 지배적 개발 패러다임 그 자체의 가정들인 근대화와 경제성장 모델의 논리 속에 깊게 뿌리박혀 있는 가정들에 대하여 근본적인 문제제기를 하지 못하고 있다. 또한 개발프로그램에서 여성의 프로젝트들은 여성문제를 부분적으로만 제기한다. 여성들의 개발에 대한 접근법들은 개발에서의 행정적 절차를 향상시키는 수준을 뛰어넘어야 하며 '개발의 변화', 즉 여성과 남성이 더 이상 억압받고 착취당하지 않는 사회로 가는 과정을 위한 보다 폭넓은 전망을 지녀야 한다. 이런 점에서 WID나 GAD는 주류 제도권 내부로부터 개발을 변화시킬 수 있는 상황을 유도하는데 있어서 매우 중요한 단계라고 할 수도 있다. 그러나 WID와 GAD의 유효성은 현재의 개발기구들과 프로젝트의 제도적 틀 안에서 진행되어 왔다는 한계가 있다. WID와 GAD만으로는 개발위기를 해결할 수 없다. WID와 GAD에서의 여성의 평등에 대한 추구는 남녀 모두에게 영향을 미치는 위기의 근원과 그 인식론적 토대에 문제를 제기하지는 않는다(로지 브라이도티 외, 1995: 147-149).

1970년대 초 남쪽 국가에서 환경과 여성의 연관성에 대한 관심이 개발 담론 속에서 등장하기 시작했다. 1987년 브룬트란드보고서가 출간된 이후 WED논쟁은 지속가능한 발전을 목적으로 한 전략과 프로그램에서의 여성들의 참여의 긴급성에 대해 초점이 맞춰졌다. '여성과 환경, 그리고 개발'은 차츰 '여성과 환경, 그리고 지속가능한 발전(WED)'으로 변화하였다(로지 브라이도티 외, 1995: 154-155). 주류개발기관들의 WED에 관한 논의는 주로 현재의 개발을 어떻게 개선할 것인가 하는 점에 모아졌다. 그리고 대개 개발과정에서의 여성의 무시와 환경의 파괴가 다루어진다. 이러한 논쟁이 기본적으로 강조하는 것은 그 문제의 제도적 성격이다. 만약 개발을 실행하는 과정에서 여성과 환경이 고려되기만 한다면 환경위기는 해결될 수 있을 것이라는 것이다. 가난한 제3세계여성과 환경을 고려하는 것이 지속가능한 발전을 실현하는데 있어 결정적인 요소로 생각한다. 이러한 논쟁에서 여성과 자연 관계의 개념화는 명확하게 이뤄지기보다는 오히려 특수한 것으로 비춰지는데, 본질적으로 남성과 자연의 관계보다는 더 가깝다는 식이다. 노동외 성적 분업도 대개 논쟁의 한 부분을 구성한다. 환경악화로 인한 여성의 노동부담증가는 이 논쟁에 또 다른 중요한 요소이다. 사실 환경악화는 천연자원을 이용하는 분야에서 여성들의 개발계획참여를 늘리도록 만들고 있다. 거시경제, 그리고 정치적 과정과의 연계는 거의 언급되는 일이 없다. 여성과 환경의 이해관계에 대한 마리아 미스나 반다나 시바, 그리고 많은 NGO들의 주장과 개발담당기관들의 주장은 내용적으로 어느 정도까지는 일치한다. 그러나 두 노선의 차이는 환경회복을 위한 해결책을 제안하는 부분에서 발생한다. 한편에서는 개발에서의 매개변수들을 전면적으로 다시 사고해야 한다고 주장하는 반면, 다른 한편에서는 단지 그것들을 개선하면 된다는 것이다. WED논쟁이 진행됨에 따라 서구 매체가 퍼뜨렸던 가난한 제3세계 여성의 이미지를 변경시키는 것에 관심을 갖게 되었다(Hausler, 1990). 그래서 1980년대 중반부터 말까지는 가난한 제3세계 여성의 이미지가 환경위기의 희생물로써 전형화되었지만, 최근에는 그들이 갖고 있는 힘이 보다 강조되고 있다(로지 브라이도티 외,

1995: 167 – 168).

여성문제를 근대적 성장 개념에 기초해 생산확대와 연관지어 바라보던 시각은 1992년 리우회의에서 채택된 의제21에서 상당 부분 극복된다. 의제21에서 여성은 지속가능한 사회건설에 있어 중요한 주체로 평가되고 있으며 여성과 환경문제를 주로 제3세계의 상황으로 보던 것으로부터 지속가능한 생산 및 소비패턴으로의 전환, 유해물질로부터 여성의 보호 등 산업화가 진전된 국가의 문제까지 다루는 등 환경과 개발, 여성의 문제를 균형 있게 보는 시각이 좀더 분명해진다. 또한 의제21에는 전통적 역할강화를 통한 지위 향상에서 여성의 평등한 참여이론으로, 그리고 사회주류에 여성을 통합시키는 주류화 이론으로 발전한 여성발전이론의 변화가 반영되어 있다. 이는 국가적 및 국제적 생태계관리와 환경파괴 통제에 있어 여성의 참여를 강조하고 정책결정자, 계획자, 관리자, 과학자 및 기술적 자문가로서 여성의 참여비율을 높일 수 있는 정책을 검토하고 계획을 수립하도록 하는 조치를 취할 것을 권고하는 내용으로 의제21의 24장에 수용된다. 그러나 의제21에서 여성의 역할은 9개 주요 그룹 중의 하나로 꼽히는 데 그쳤으며 대안 사회의 힘으로서 여성성이 갖는 의미가 충분히 평가되지는 못했다(여성환경연대 엮음, 이미영, 2001: 80 – 83).

1995년 개최된 제4차 북경여성대회에서는 양성평등이란 공동의 목표 하에 여성의 세력화를 위한 전략을 북경행동강령으로 담아낸다. 그리고 특별관심사로 12개의 주제를 선정하고 그 중의 하나로 '여성과 환경'이 채택된다. 북경행동강령과 관련하여 정부측은 '여성환경 능력에 대한 인식 제고와 역할 지원', '환경정책에 있어서의 성 인지적 관점 통합'을 과제로 제시하고 있으나 이행의지는 아직 확인되지 않고 있다. 지속가능한 사회로의 전환을 위한 정책개발에 여성적 관점의 반영은 차치하고 환경부문 여성참여의 강화를 위한 어떠한 조치도 고려되고 있지 못한 실정이다(여성환경연대 엮음, 이미영, 2001: 83).

오늘날 전지구적 환경문제 즉, 생태적 위기의 극복을 위한 대안으로서 '지속가능성'에 대한 논의가 전개되는 과정에서 개발의 본질적 한계를 인식하게 되었다. 또한 관습적인 남성중심성과 과학 기술주의적 환경관은 가부장적 지배적 성향에 의해 불평등성을 새로운 문제로 제기하게 되었다. 자연과 여성에 대한 지배의 관련성을 인식하여 여성의 중심적 역할을 찾는 것은 '지속가능성'의 한계를 극복하는 중요한 부분일 수밖에 없다. 여성운동과 환경운동의 접목을 통하여 지구환경을 살리는 일에 여성들의 연대를 통하여 적극적이고 국제적 차원의 인력과 정보의 교류를 가능케하고 활동을 위한 연결망을 구축하며 공동전략을 개발하여야 할 필요가 있다. 그러나 이러한 국제적 동향에도 불구하고 한국적 현실에선 환경운동과 자연에 대한 억압과 사회적 억압간의 상호연관성을 분석하고 주변화된 집단들에 대한 억압관계와 환경, 여성문제를 풀 수 있는 방향을 구체화해야 하는 과제가 여전히 남게 된다. 그러나 생태적 위기를 극복하는데 일상의 생활양식과 가치관의 전환을 통하여 여성중심적 시각에서의 문제해결의 중요성과 역할의 도출을 통해 이론과 실천으로서의 환경문제에 대한 인식의 활성화가 가능하도록 해야 한다(안정선, 1999: 339).

4. 지구화 시대의 여성환경문제 접근법

1) 여성환경문제 접근의 지구적/지역적 관계

자본주의의 전지구화과정은 정치적으로 지구를 통합하는 과정이면서 또한 그러한 통합 때문에 긴장과 분할을 자초한다. 그리고 개별국가의 권력은 지구화 질서 재편이나 지구화 문제를 관리하는데 점차 애매한 위치에 있다. 새로운 세계정치의 장르가 개별 한 국가차원의 권력과 의사결정능력을 재규정하고 권력이나 민주주의의 문제가 더 이상 국가수준의 권력이나 의사결정의 문제가 아니라 세계적·지구적 수준의 문제가 된 것이다. 이제까지 국민국가 수준에서 다루어 온 민주주의의 형식과 내용 및 그 실천의 주체가 갖는 의미를 재평가하고 '탈 근대적이고 지구적인 수준'에서 재설정해야 할 필요성이 제기되고 있다(조은, 1997: 151). 일상생활과 관련하여서는 사고는 세계적으로 하고 행동은 지역적으로 해야 한다는(Flacks, 1995) 세계화논리에 대해 운동의 수준에서는 사고는 지역적으로 하지만 행동은 세계적으로 해야 한다는 문제가 제기될 만큼(Falk, 1997), 사회운동의 세계적 연대는 새로운 쟁점이 되고 있다.

국제적인 역학관계는 '새로운 세계권력의 3분법' 즉, 국제기구나 국제협약에 의해 강화되고 있는 세계적인 정치권력(global political power), 국경 없는 경제구조 속에서 전 세계 어느 곳에서도 사업을 벌이고 있는 다국적 기업에 의한 세계적인 자본권력(global economic power), 그리고 자생적으로 세계 각국에서 생겨난 시민단체들이 자연스럽게 연대를 형성하여 만들어지고 있는 지구시민사회권력(global civil society power)으로 형성되고 있다(유재현, 1995: 45). 이는 전 시대의 사회질서를 전횡적으로 구성하던 자본의 논리, 국가의 논리로부터 상대적으로 자유롭다(Rosenau, 1990). 특히 오늘날 국제사회에서 '엄청난 영향력을 지닌 부드러운 쟁점'으로 불리는 환경, 지역, 인권, 여성 등의 문제를 접근하는 데 있어 다층적인 초국가적 중요성이 배가되고 있다(조은, 1997: 163).

요즘 들어 전지구적인 것 대 지역적인 것이란 구도가 환경이나 개발담론에 널리 쓰이고 있다. 지배적인 담론에서 전지구적인 것이란 지배적인 지역들이 지역적·국가적 통제에서 벗어나 전지구적 통제를 획책하는 정치적 공간이다. 전지구적으로 뻗어나간 지역이 지리상의 확장과 민주주의의 확산을 나타내는 일종의 위계조직의 형태이며 낮은 단계의 지역적 위계는 어떤 식으로든 높은 전지구적 단계에 종속되어야 한다는 그릇된 개념이 도출되고 있으며 가동 중인 비민주적 개발계획들도 이와 유사한 국가적 이익이라는 잘못된 개념에 근거하고 있으며, 모든 지역적인 이해는 더 큰 이해라고 여겨지는 것을 위해 희생해야 한다는 도덕적 의무 같은 것을 느끼도록 강요되고 있다(마리아 미스·반다나 시바, 2000: 21). 이처럼 국가권력과 타협하면서 초국가자본에 의해 유도된 세계화는 시공의 구체성과 특수성을 기반으로 한 지역적 풀뿌리운동들로부터 심각한 비난과 저항에 부딪히고 있다. 결국 환경문제에서 'global'이라는 담론은 전지구적이라는 이름 아래 토착민을 통제하는 것이 아니라 토착민이 그들의 환경을 지킬 수 있도록 지구적 통제를 구하는 정치적 공간이어야 한다. 이는 보편적 이해나 전지구적 통제를 통한 특정 이해의 관철을 대변하는 것이 아니라 지역적, 국가적, 그리고 전지구적 통제로부터 어느 정도 자유로워야 함을 의미한다. 최근의 지구환경에 대한 토의와 협상은 세계은행 등 비토착민 중심의 중앙집권화의 경향을 띠는 문제를 안고 있다. 이는 지역공동체보호에 기반한 의사결정권의 확대, 권한의 재제도화가 수반되지 않으면 안 된다는 점을 보여준다. 최소한 지역 환경에 영향을 줄 수 있는 모든 프로젝트에 대한 사전 동의권과 정보공유권 등이 보장되어야 한다(조은, 1997: 169).

전통적으로 사회학은 민족국가를 분석의 단위로 삼아왔지만 이제 세계화와 지역화가 동시에 진행되고 있는 현재 상황에서 민족국가 내부의 지역과 민족국가를 넘어선 세 체제 수준의 분석이 절실히 요구되고 있다. 특히 환경문제를 올바로 이해하고 설명하기 위해서는 지역, 민족국가, 그리고 전지구적 수준이라는 세 개의 분석 수준을 구분하고 각각의 수준에서 문제가 어떻게 영향을 주고받는가를 연구해야 한다(정수복, 1994: 204).

지역화란 세계화를 일차원적으로 이해하지 않고 복합적이고 모순적인 전체의 움직임으로 이해할 경우, 우리는 지역과 국민을 전 세계적으로 동질화시키는 것과는 대조적으로 계속해서 지역적 특수성이 새로이 부각되는 이질적인 과정을 발견하게 되는 것인데, 로버트슨은 세계화와 그에 모순되는 것처럼 보이는 지역화가 동시에 나타나는 현상을 지구지역화라고 명명하였다. 이러한 지구지역화개념은 세계화논의의 한계와 대안을 제시하는 데에 중요한 역할을 하게 되며, 세계화가 오히려 새로운 지역화 내지는 재지역화를 전제로 하고 있음에 주목할 수 있게 된다. 로버트슨의 지역지구화 개념을 문화적 세계화와 연관시켜 볼 때 대중매체를 통한 문화적 상징과 의미의 세계가 재생산되는 과정에 있어서 지역적인 것들의 새로운 발견과 그 지역문화 간의 부단한 응집과 해체의 역동적 과정이 전개되고 있다는 것을 주목할 필요가 있다. 이러한 문화의 세계지역화는 여성문제에 있어서 더욱 유익한 토대를 제공한다. 현재 진행되고 있는 지구지역화가 전 세계적인 것과 지역적인 것을 결코 상호 배타적인 대립관계에서 파악하지 않고 각각 이질성과 동질성, 분화와 결속의 끊임없는 보완과 상호작용 속에서 새로운 분화적 정체성으로 구성해내고 있다는 사실은 우선적으로 여성들로 하여금 탈중심화, 탈식민지화, 탈가부장제로의 새로운 장을 열 수 있게 할 것이다. 그리하여 주변부 국가들의 주변부 여성들로 치부되고 소외되던 많은 제3세계의 여성들이 스스로의 정체성과 자신들의 문화에로 눈을 돌릴 수 있게 되었다. 이러한 권력의 해체현상은 여성들의 문화가 주체적으로 자리잡을 수 있는 긍정적인 기회를 마련하게 되며 여성들로 하여금 각각 구체적인 삶의 장, 지역화된 실천의 장을 중심으로 자신들의 세력을 강화시키게끔 하는 중요한 계기를 마련한다(노성숙, 2000: 121－122). 환경문제를 해결함에 있어서 각각 지역적 특수성에 입각한 여성주체들의 상이성은 곧 여성환경운동의 다양한 잠재적 기능성들을 실현해 가는 거점이 될 것이다. 이러한 전망으로부터 종속 당한 존재의 모든 소리들과 그들의 저항의 진리에 귀기울이게 될 때 우리는 스스로의 정치적, 개인적 실천의 문제점을 더 잘 인식하게 된다. 또한 이러한 문제제기는 생태여성주의의 목적을 실험할 것이다. 왜냐하면 다음 사회운동과 마찬가지로 생태여성주의 또한 현 시대의 생태적 파괴와 가부장적 권력에 대항해 저항을 시도하는 필연적인 긴급한 정책이기 때문이다. 이러한 문제제기로부터 다른 용어와 다른 정치학이 출현하게 된다면, 그것은 바로 새로운 지역운동, 새로운 창조력 그리고 권력에 대항하는 새로운 연합 운동으로 활동하게 될 것이다(아이린 다이아몬드, 글로리아 페만 오렌스타인 엮음, 1996: 201).

종국적으로 환경문제접근관련 논의에서 일반적으로 지구적인 것/지역적인 것 사이의 역동성은 첫째, 지구적 환경주의의 북쪽 국가들의 이권 증대를 위한 패권적 담론과, 둘째, 남쪽 환경주의가 가지는 지구적 환경주의에 대한 저항운동과 연대 사이에서 일어난다. 전자를 성별문제에 대입하면 지구적 자본주의가 '보편적 자본주의'라고 특권을 주장할 때 가지는 자본의 성중립적 성격이 성별관계에서 억압적 힘을 휘두르게 된다(Sturgeon, 1997). 후자에 해당하는 것으로 생태여성주의 이론의 수용과 지역 주체성의 문제이다. 여기에는 여성간의 보편성과 차이의 문제를 축으로 하는 논의가 있다(이영숙, 2001: 122 −3). 결국 정책이란 특정한 기관들이 그것의 이행에 동의한 행동지침이다. 그 정책으로부터 영향을 받게 될 사람들은 정책 작성과정에서 자신의 의견을 반영할 수 있어야 한다. 그리고 이와 함께 개발기관들은 영향을 받게 되는 사람이나 단체에 대해 책임을 져야 한다. 개발정책에는 여성을 포함한 모든 사람의 이해관계가 반영되어야 하며 인간과 자연의 조화적 관점이 반영되어야 한다. 지구화 시대 아직도 유효한 지속가능한 발전의 개념을 축으로 환경문제를 접근함에 있어서 지역지구화와 생태지역주의, 생태여성주의와 여성성인지적 여성환경운동과 정책의 정착과 확산의 틀은 이미 그 의미가 확인되고 있다.

2) 생태여성주의와 생태지역주의

생태학은 모든 생명체계의 상호의존성과 상호연결성에 관한 학문이다. 생태학자들은 환경변화의 결과를 목격함에 따라 사회비판적이될 수밖에 없었다. 자연세계는 자원으로 생각되어 왔기 때문에, 그것이 뒷받침해 주는 삶에 대한 고려 없이 착취당해 온 것이다. 사회생태학은 어떻게 하면 인간이 생명유지의 기본적인 욕구를 충족시키면서도 환경과 조화를 이룰 수 있을까하는 문제에 몰두하면서, 인간과 자연이 조화를 이룰 수 있는 방법을 모색한다. 생태여성주의6)의 개념이 사회변혁을 위한 운동의 많은 요소로부터 출현했다는 것은 결코우연한 일이 아니다. 여성과 자연은 역사를 통해 오랫동안 서로 연관되어 왔다. 여성주의자들이 사회가 어찌하여 여성에게 기껏해야 이등시민 정도의 지위만을 부여했는가의 문제에 몰두했던 것과 마찬가지로, 생태학자들은 지구를 약탈하도록 허용했던 사회적 구조들, 인간의 성향 그리고 합리화 과정에 대한 비판적 연구를 시작하였다. 현재

---

6) 생태여성주의(ecofeminism)이라는 단어는 지구상에서 인간의 생존을 보장해 줄 생태학적 혁명을 일으킬만한 여성의 잠재적 능력을 표현하기 위해 1974년 프랑스작가 프랑수아 듀봉에 의해 고안되었다. 여기서 말하는 생태계적 혁명은 여성과 남성, 인간과 자연 사이의 새로운 성관계(gender relation)수립을 수반하게 될 것이다. 자유주의·급진주의·사회주의 여성운동은 모두 인간/자연의 관계를 개선하는 데 관심을 가져 왔다. 그리고 각각의 운동 모두 방법은 달리하였지만 생태여성주의에 지대한 영향을 미쳤다.

에는 두 학파의 사고가 같은 문제에 집중하고 있다. 이들에게 한가지 차이점이 있다면, 그것은 모든 사물이 상호 연결되어 있다는 생태학자들의 관점이 지적인 과학적 사고에 기초하고 있는 반면에, 여성주의자들은 경험론적 학풍으로부터 출발하지 않을 수 없고, 지적인 틀을 다만 여성의 종속 경험을 이해하기 위한 수단으로서 추구할 뿐이라는 점이다. 오늘날 생태학은 인간/환경과의 관계성 속에서 타자 곧 지구에 대해 말하고 있고, 여성주의자들은 여성/남성과의 관계 속에서 타자에 대해 말하고 있다. 생태여성주의는 이러한 두 가지 본질적인 타자에 대해 말함으로써 저항과 변혁의 방법뿐 아니라 모든 지배의 공통 뿌리를 이해하도록 도모하고 있다. 생태여성주의자들의 과제는 가능한 행동들의 결과를 고려하고, 우리가 서로 서로의 부분이라는 사실을 잊지 않도록 타자의 입장에 설 수 있는 능력을 개발하는 것이다.

또한 북쪽과 남쪽의 일부 환경운동단체들은 생산과 정책결정에서 탈중앙집중주의 유형을 추구하는 생태지역주의를 제안한다. 생태지역주의자들은 운반비용을 줄이고 교역을 최소화할 지역적으로 지속가능한 수준의 지역생산과 지역소비를 제안한다. 이러한 제안은 지속가능한 발전에 관한 일련의 다른 문제들과, 그리고 단일 민족국가들과 전지구적 경제체계 내에서 인식되는 한 개념을 제기하고 있다(로지 브라이도티 외, 1995: 224-225). 생태지역주의의 가장 중요한 이상은 권력을 분산시켜 사회의 조직형태를 자치적으로 개선시켜 나가는 것이다. 이러한 생태지역주의는 근본적으로 인간과 자연공동체를 재건하고자 시도하고 있다. 독특한 지역문화와 그 지역의 자연환경에

결부된 정체성을 강조하는 생태지역주의는 생태여성주의의 철학이 실천적인 사회운동의 일부로서 전환될 가능성을 실현시킬 수 있는 좋은 틀을 제공해 줄 것이라는 지적은 고려해 볼만하다(아이린 다이아몬드 · 글로리아 페만 오렌스타인 엮음, 1996: 244). 우리의 타고난 기질에 자연적인 상황을 꿰어 맞추는 것이 아니라 특정 지역에 우리 자신을 적응시키는, 즉 한 장소의 원주민이 되는 방법을 배우는 생태지역주의는 생태여성주의와 마찬가지로 우리에게 공통기반을 마련해 준다. 그러나 생태지역주의는 우리에게 실천할 과제를 주고 생태여성주의와 함께 현장(praxis)을 제공한다(아이린 나이아몬드 · 글로리아 페만 오렌스타인 엮음, 1996: 240-246). 우리가 인간 상호간의 관계뿐만 아니라 지구와의 관계를 변화시켜 감에 따라 과정의 일부로서 여성과 자연, 아니 사실상 인간과 자연은 새로운 형상을 필요로 한다. 그러한 형상은 생태계를 연구하여 얻은 교훈과 여성주의를 통한 이해와 또한 생태지역주의의 계획에 참여함으로써 얻어지는 것들을 반영할 것이다(아이린 다이아몬드 · 글로리아 페만 오렌스타인 엮음, 1996: 248).

요컨대 여성이 환경회복을 위해 필요한 값싼 노동력 정도로만 간주되는 환경계획은 거부되어야 하며, 환경계획수립 이전에 지역수준에서의 분석이 선행되어야 한다. 자연사용은 흔히 지역의 권력구조에 의해 결정된다, 자연사용을 둘러싼 지역의 갈등은 민주적 과정을 통해 해소되어야 한다. 이때 다른 배경(인종, 민족 등)에서 연유한 이해 및 요구에 대한 성찰없이 단순히 남녀를 구분하는 것만으로는 만족스러운 결론에 도달할 수 없다. 권력의 탈중심화와 인간과 자연공동체를 재건하기 위해 사회조직을 자치형태로 변화시키는 것과 연관이 있는 생태지역주의는 지역지구화 시대에 유용한 개념이라 할 것이다. 여기에서 우리는 평등사회에 대한 희망과 열정뿐만 아니라, 권력에 대해 깨달은 지식을 우리의 남성들과 공유할 수 있도록 효과적인 방법을 발전시킬 수 있게 된다. 평등 사회란 여성과 남성 모두가 적응의 과정에 참여하여 마침내 건강한 생태체계를 유지시켜 나가는 것을 의미한다.

5. 지구화 시대의 여성환경운동과 정책의 인식방향

1) 세계여성환경운동의 추이

성평등문제는 시민사회, 지역공동체, 가정에서의 새로운 힘의 관계를 창출하는 변혁의 시작 지점이며 우리가 갈구하고 있는 지속가능한 발전을 이루어내는데 필수적인 전제조건으로 주목을 받게 되었다. 성평등이 새로운 발전 패러다임을 성공적으로 견인해내는 요인이라는 것이다. 개발의 한계가 드러난 가운데, 국제기구들이 지속가능한 발전을 개념화하는 과정에서 많은 사람들이 자연의 통제와 여성의 통제가 직결되어 있음을 인식하게 되었다. 이러한 인식이 남쪽 국가들에서는 여성, 환경 및 지속가능한 발전에 관한 논의를 촉진하였고, 북쪽 국가들에서는 여성주의와 생태여성주의가 도래하게 되었다 (Charkiewicz & Wieringa, 1994: 1).

조직적인 세계여성환경운동은 유엔활동으로 전개되었다. 유엔환경회의의 시발점은 1972년 스톡홀름의 유엔인간환경회의였는데 산업화로 줄달음치는 세계인들에게 새로운 가르침을 주는 장이 전개되었다. 이러한 회의에서 발의되기 시작한 지속가능한 발전의 개념은 브룬트란드보고서에서 다루어졌고, 이 선언은 지속불가능한 발전과 남북의 경제적 불평등의 심화를 환경위기와 연계 지었고, 여성과 어린이들이 세계 빈곤과 문맹의 주류를 이루고 있음을 동시에 강조하였고, 이로써 환경분야에서 여성의 문제가 정식으로 대두되기 시작하였다. 세계 절대 빈곤인구의 70%가 여성임을 감안할 때 환경문제를 풀어나가기 위하여는 빈곤층과 여성을 동시에 중점적으로 다룰 수밖에 없었다. 유엔환경계획(UN Environmental Program, UNEP)이 설립되면서 여성과 연계된 자원과 환경문제를 다루기 시작했다.

유엔여성회의(멕시코시티, 코펜하겐, 나이로비, 북경회의)가 지속적으로 열리고, '여성의제 21', '의제 21' 24장, '북경행동강령' K장을 기본으로 한 세계여성운동이 활발히 전개되어 오고 있으며, 여성이 주제가 아닌 사회, 경제, 정치적으로 다양한 유엔회의에서도 1990년대 후반부터 점차 여성의 지위, 역할, 활동 등에 관련된 사항을 다루기 시작하였다. 유엔여성회의를 통해 지속적으로 여성의 사회, 경제, 정치적 권리와 건강문제가 거론되어 왔다. 여성에 관한 세계적 논의는 여성회의 외에도, 지난 10년간의 주요 유엔이 주선하는 주제별 회의로서 지속가능한 발전(리우회의), 인권(비엔나회의), 인구(카이로회의), 사회개발(코펜하겐회의), 주거 및 정착(이스탄불회의), 세계식량(로마회의) 등의 회의를 통해 전개되었다. 이들 유엔 회의는 각 회의마다 5년 후에 그 후속회의를 소집해서 그 후속과정을 면밀하게 검토하여 세계 각국이 이를 수용, 채택하도록 종용하고 있다. 이러한 과정의 결과 최근에는 모든 자료에 여성의 문제를 포함시키고 있다.

특히 1985년 나이로비 제3차 여성회의에서 여성의 도약을 위해 세운 전략은 세계 각 지역에서 식량, 물, 농업의 주역인 여성들이 경제적 발전에 끼친 결정적인 공헌을 인정하여야 하며 정부는 다양한 방법으로 이들에게 에너지의 접근을 보장해주고, 물, 건강, 교육, 효과적인 서비스와 교통시설을 가능하도록 제도화해야 함을 지적하고 있다. 또 이 모든 과정에서 여성을 주류집단으로 인정하도록 종용하고 있다. 1995년 북경회의에서는 지속가능한 발전을 위한 행동강령에 여성의 관심과 관점을 접목하는 정책과 프로그램을 강화하고 있다. 정부에게는 여성의 지식과 관점을 중시하고, 여성이 모든 정책 결정과정과 연구에 참여하도록 보장할 것과 이러한 여성관련연구가 지속가능한 자원과 환경경영의 발전에도 잘 반영되도록 강력히 촉구하고 있다. 또한 정부, 지역, 국제조직 및 NGO들에게 여성의 세력화운동을 인정하도록 강조하고 있다(여성환경연대 엮음, 박은경, 2001: 49 - 50).

종국적으로 성의 평등은 사회 평등원리의 가장 기본적인 부분이다. 성, 인종, 종족집단의 차별 및 종교, 정치이념, 성평등이 사회불평등의 지표라고 할 수 있다. 어느 집단에 소속되어 있는가가 편견과 차별의 대상이 된다면 그 사회는 결코 지속가능한 사회라고 볼 수 없다. 전 세계 여러 나라 여러 지역의 사회들을 돌아볼 때, 지속가능한 발전을 위해선 성의 평등화가 결국 경제적 지위와 환경보존에 절대적인 조건이 될 수밖에 없음을 더욱 확실히 느끼지 않을 수 없다(여성환경연대 엮음, 박은경, 2001: 53-54).

2) 여성환경운동과 정책의 인식방향

(1) 여성의 세력화와 분리·소외의 지배구조의 배제

지역의 지속가능한 발전에 성 주류화를 통합시켜 내기 위한 전략은 환경 영역에서 여성 세력화를 이루어낼 것인가의 문제로 구체화된다. 세력화란 의사결정과정에서 제외되어 왔거나 자원에의 접근이 제한되어왔던 여성이 자원을 배분하기 위한 협상, 관리에 동등하게 참여하고, 지역사회에서 법적, 사회적 지위 향상이 가능하도록 하는 사회적, 정치적 과정을 통해 획득된다. 이는 모든 분야의 정책에 여성의 관심사를 통합하는 주류화 전략으로 구체화된다. 세력화는 여성의 지역사회에서의 역할에 대한 인식 전환의 과정이기도 하다. 따라서 지역의 경제주체, 교육자, 양육자, 전문가, 의사결정자로서 여성역할 제고방안이 모색되어야 한다. 세력화는 평등한 참여를 출발로 지속가능한 지역 발전의 모든 영역에 여성의 관심사를 통합하기 위한 활동으로 저변을 확대하고 궁극적으로는 여성적 원리를 개발의 주된 전략으로 삼는 대안의제 만들기로 발전해나가야 한다.

여성의 삶에서 주요한 부분은 보살핌과 살림의 역할로서 가족 건강 돌보기, 양육, 가사 노동, 소비 활동 등이 있으며 기타 지역 활동, 경제활동 등과 함께 생활 전반에 걸쳐 있는데 이는 곧 교육문제, 소비자 문제, 취업문제 등으로 정치와 밀접하게 관련되어 있다. 이렇게 여성은 생활의 주체임에도 불구하고 이제까지 모든 정책들은 여성을 제외한 채로 결정되어 왔다. 지역사회의 주인은 여성이라는 것을 여성이 스스로 자각하고 사회를 변화시키기 위한 움직임에 동참해야 한다. 지역여성운동은 지역의 구체적인 여성 개인들이 차이를 가지고 만나 운동을 통해 차이를 없애는 과정 자체로 이해될 수 있을 것이다. 그리고 그러한 과정에서의 연대는 바로 여성의 정치세력화의 출발을 의미하게 된다. 정치세력화라는 것은 비단 직접적인 제도 정치만을 겨냥하고 있는 것은 아니며, 여성들이 사회의 다양한 측면에서 여성이라는 세력으로 영향력을 행사하기 위한 결집을 의미하기도 한다. 따라서 지역여성운동에서의 정치세력화에 대한 평가는 의정감시활동이나 지방자치단체 의원만들기와 같은 지방자치 참여운동에만 머물러서는 안 될 것이다. 환경운동이나 생협운동을 통해 사회를 새롭게 만들어나가는 주체로서의 지역 여성 혹은 빈민운동을 통해 사회에서 분배적인 정의를 만들어나가는 선도자로서의 지역 여성, 일하는 여성의 집 활동 등을 통한 여성의 경제세력화를 위한 노력, 바른 매체를 이끌기 위해 전개되는 미디어 감시활동에서의 지역여성의 영향력 행사도 함께 평가되어야 한다(여성환경연대 엮음, 진위향, 2001: 104－105). 아직 여성들에게 있어 분배적 정의의 문제는 비단 민중 계급 담론으로만 치환될 수 없는 그들만의 성별의 문제를 고유하게 구성하고 있다. 지역 여성운동은 신사회운동으로서 시민사회 운동의 양상뿐만 아니라 구사회운동의 물질적 가치의 추구라는 주요한 맥락을 결코 놓쳐서는 안된다는 점을 상기할 필요가 있는 것이다. 의식화가 내적인 힘이라면 경제력은 외적 힘을 갖추는 중요한 요소가 된다(여성환경연대 엮음, 진위향, 2001: 121). 그리하여 정치에 참여하는 여성이 오히려 변질되지 않도록 정치의 본질을 바꾸기 위해 각 부문에서 여성들이 힘을 합하여 적극적으로 여성의 세력화를 위한 노력을 기울여야 한다.

그러나 여성의 세력화에 있어서도 분리와 소외의 권력구조와 위계구조는 배제되어야 한다. 물론 생태사회의 이상은 여성주의적이어야 한다. 그 이유로는 그 이상보다 덜하게 될 때에는 누가 항상 더 우월하다는 또는 더 높은 대우를 받아야 된다는 과거와 똑같은 파괴적인 패턴을 단지 반복할 것이기 때문이다. 아마도 생태여성주의사상의 가장 중요한 특징은 모든 억압, 즉 여성에 대한 남성, 제3세계에 대한 제1세계, 남부에 대한 북부, 흑인에 대한 백인, 어린이에 대한 성인, 다른 종에 대한 인간, 자연에 대한 사회의 억압 등이 공통된 뿌리를 갖고 있다고 보는 것이다. 지배권력, 즉 하나의 종이 다른 종을 지배한다는 생각의 개념적 토대는 인간의 철학적 신념에서 유래하는데 이 신념은 현재 다른 종을 멸종시켰을 뿐만 아니라 인간 자신을 자기파괴의 궤도 위에 올려놓을 정도로 그 착취를 합리화했다. 현재의 지배적인 세계관을 손상시키는 이 철학은 여성이 아닌 남성을 상위에 또는 신 바로 다음 순서에 둔다. 이 신념은 위계적인 구조를 지닌 것으로서 정치경제적 조직, 종교제도, 그리고 인간의 가장 은밀한 관계 안에서 그 자체를 계속 재생산한다(이소영·정정호·강규한·김경한 편역, 주디스 플랜트, 2000: 78-79). 전지구적 차원에서의 여성의 입장의 통합은 성과가 있음에도 불구하고 여성들간의 교류와 연대, 여성의 정치가 자주 그리고 어느 사이에 누구도 모르게 대상화와 배제라는 배타적인 구조를 재생산하고 있으며 이로부터 고통을 겪고 있다는 사실이 점점 더 분명해지고 있다(로지 브라이도티 외, 1995: 285). 여성들은 가부장적 지배 전략과 싸워오면서 동시에 그러한 전략을 자신에게 내면화시켰다는 사실을 인정해야 한다. 여성의 세력화에 있어서 변화의 힘이 있는 정치를 구조한다는 조심스러운 과정에서 이 원론을 반복하지 않도록 주의해야 하며, 위계질서와 지배구조를 재생산해서는 안된다.

(2) 성인지적 관점과 생태여성주의적 인식으로의 전환

인간의 자연지배와 남성의 여성지배는 서로가 서로를 강화시켜 왔다. 자연과 타자에 대한 지배를 포기하는 사회구성원들이 늘어나지 않고서는 새로운 사회로의 진입은 불가능하다. 따라서 앞으로 인류의 미래는 경제성장제일주의와 가부장제에 대한 도전이 얼마나 성공적으로 이루어질 수 있느냐에 달려 있다. 21세기의 유토피아는 여성들이 남성들의 세계에 끼어 들기가 아니라 여성적 가치에 의한 새 판짜기에 의해서만 만들어질 수 있을 것이다.

여성의 참여를 방해하는 장애요인을 제거하고 모든 의제에 여성의 입장을 균형있게 통합해 나가기 위해서는, 계획과 의사결정과정에 여성 참여의 증진 정도를 평가하고 지속가능한 발전과 관련된 여성의 특별한 환경관심사와 이슈에 주목할 수 있는 구체적인 성인지 데이터를 통한 성분석(gender analysis)[7]에 지속가능한 발전 과정에 여성의

---

7) 성분석이란 일반 정책을 성관점을 가지고 분석하여 성관점을 정책에 통합시킬 수 있는 가능성을 검토해보는 작업으로 궁극적으로 여성 주류화(mainstreaming)를 이루기 위한 것이다(여성개발원, 여성정책평가모형개발, 2000). 정책의 성분석(gender based analysis)의 필요성은 1995년 북경에서 개최된 제4차 세계여성

참여를 강화하는 것뿐만 아니라 여성과 남성 사이에 자원이 다르게 배분되고 여성의 전통적인 성 역할이 이를 어떻게 강요하는가 하는 차별의 문제가 반영되어야 한다(여성환경연대 엮음, 이미경, 2001: 84 －85).

전술한 바와 같이 생태여성주의는 이제까지의 남성편향적 문화를 분석·판단하며 인간 존재를 생태적 존재로 인식한다. 또한 생태여성주의는 다문화적 특성을 지니는 데, 이는 여성과 자연의 연관성을 다룸에 있어서 모든 사회적 지배관계들, 예를 들면 계급주의·인종주의·식민주의·제국주의·민족중심주의·성차별주의의 상호연관성을 다루는 데에 기인한다. 구체적이고 실제적인 삶의 맥락, 지역의 맥락에서 문제를 보는 생태여성주의는 하나의 올바른 대안만을 보편적으로 여기고 본질화하기를 거부하며, 다양성과 다원성에 근거하여 문제를 바라본다. 이는 상대주의적 입장을 허용하는 것이 아니라 구체적이고 실제적 맥락에서 생명의 다양성을 인정하는 것이다(여성환경연대 엮음, 이혜경, 2001: 266－267).

물론 진보적인 사회 정치적 변화를 위한 운동에서조차도 구세계 사고방식의 잔재는 남아 있다. 그러나 여성주의적 분석은 전체론적인 사고방식을 비판적으로 반성하게끔 한다. 개인적인 것과 정치적인 것

대회를 통해 강조되기 시작한다. 북경회의에서 유엔은 성(gender)평등을 추구하기 위해 성관점(gender perspective)에서 정책을 평가하여 여성의 권리를 찾을 수 있도록 해야 한다고 권고한다. 성분석이 이루어진 후 정책결정을 함으로써, 여성과 남성의 관심과 경험을 통합하고 정책의 혜택이 남녀 모두에게 동등하게 돌아갈 수 있도록 해야 한다는 것이다(여성환경연대 엮음, 이미영, 2001: 86).

이 매우 밀접하게 연관되어 있다는 사실을 곧바로 직시해야 한다. 바로 여기에 생태사회를 향한 움직임인 생태지역적인 운동이 왜 본질적으로 여성주의여야 하는지 그 이유가 있다. 여성주의가 없다면 정말로 인간에게 생존하기 위해 꼭 필요한 더 나은 세상으로 인도할 자각이 생기지 않을 것이기 때문이다. 그러나 생태여성주의들의 생태지역주의 운동에 대한 기여는 비평적인 분석을 벗어난다. 생태여성주의는 모든 비전과 과정, 방법과 목적을 한가지로 제안하기 때문이다. 의사결정에 착수하는 방법은 결정 그 자체만큼이나 중요하다.

여성주의적·생태지역주의적 조직을 구성하는 것은 포괄적으로 다양성을 수용한다. 기본 전제는 문화적으로 규정된 성적 역할이 하나를 다른 하나의 우위에 놓음으로써 사람에게 파괴적으로 작용하며, 이 태도는 인간이 자연세계와 분리되었다는, 즉 자연을 인간의 착취를 위해 존재하는 자원으로 보는 시각과 같은 뿌리를 갖고 있다는 것이다. 생태지역주의는 인간과 자연사회를 재건하려고 시도하고 있으므로 과거와 현재의 분리되고 소외된 사회 조직을 되풀이해서 구성하는 것은 바람직하지 못할 것이다. 이 과정에는 기꺼이 정다움, 돌보기, 협동심을 개발하려는 남성을 위한 배려가 있지만 이 운동은 여성의 지도력이 꼭 필요하다. 어떻게 인간이 자신의 필요조건을 만족시키고 건강한 삶을 영위할 수 있는지, 그리고 생태적으로 지속적인 인간사회는 어떠한 것이지 하는 이러한 문제들을 지역의 실제 이야기를 통해 다루는 데에서 생태여성주의들이 생각을 실천하는 길을 찾을 수 있게 된다(이소영·정정호·강규한·김경한 편역, 주디스 플랜트, 2000: 99).

현재 우리는 환경문제를 인간 대 자연, 자아와 환경의 이원적 관계로 인식할 것이 아니라 상호 유기적 관계 속에 있는 생태적 문제로 인식하면서, 생태적 위기의 문제를 총체적이고도 전면적으로 재점검하는 일에 좀 더 집중해야 한다. 여성 정체성에 기반한 생태여성주의의 기본적 논의를 환경문제에 대응하는 자신의 삶의 방식으로 삼아 구체적이고 실제적인 삶의 맥락에서 창조적으로 적용해나가야 할 것이다.

제4장

건강관리활동의 여성주의적 지구/ 지역 맥락성

이영숙

1. 연구의 목적

최근 한국 여성의 건강에 대한 관심과 활동은 세계 어느 나라에서도 그 유례를 찾을 수 없을 정도로 급속히 확산되고 있다. 그 예로는 요가, 헬스, 전통호흡수련, 명상, 찜질방, 황토방, 선식 등을 쉽게 열거할 수 있고, 한국의 다이어트 시장은 해마다 40% 이상 성장하고 있다. 그러나 이러한 건강관리활동 상품들은 여성들이 건강에 대해 높은 관심을 가지게 되는 배경을 묻지 않고 마치 여성이 자신의 정체성을 재구성하여 행위의 주체가 되는 문화적 현상인 것 같이 호황을 누리고 있다.

여성들이 찜질방 등의 시설을 이용하고 건강관리활동을 하는 것은 여성들의 몸에 대한 생물학적 건강 욕구에 기인한 것만은 아니다. 문화산업이 여성의 몸을 상품으로 대상화하고, 가부장제와 지구적 자본이 만나 빚어내는 이미지에 맞춰 여성의 몸이 왜곡됨을 지적할 수 있는 바와 같이 여성의 몸의 생물학적 문제와 그러한 몸을 만들도록 강제하는 생명의 젠더화 문제, 즉 사회적 성별관계가 권력, 계급, 지구·지역의 관계와 교차하면서 복합적으로 여성의 건강관리활동의 배후에서 작용하고 있는 것이다.

이 연구에서 사용하는 "건강관리활동"이라는 용어는 신체적, 정신적 건강을 위한 활동이지만 의료기관의 이용 및 약물의 복용 행위가 아닌 것으로서, 건강을 위한 여가적이거나 의식적인 활동으로 정의된다. 이러한 건강관리활동은 상품화된 프로그램의 이용이든 아니든 에어로빅, 헬스, 등산, 목욕하기, 찜질방 이용, 춤, 명상, 요가, 전통호흡수련 등을 구체적으로 의미한다.

지구화는 지역을 초월한 보편적 현상이면서 지구적인 것이 지역의 문화 안으로 통합되며, 또한 지구화는 역으로 지역의 특수성이 지구적인 것으로 확산되는 지구/지역 사이의 역동성을 보이면서 전개되고 있다. 후자에서 지구화 현상이 그 지역의 문화적 혹은 사회적 맥락의 특수성에 따라 진행하고 있음을 주목할 수 있다(Robertson, 1995; Appadurai, 1998; Friedman, 2001; Shohat, 2000). 지역으로서의 한국은 지구적 현상이 형상화되는 물리적 공간이다. 그런데 성별 관점에 의하면 몸은 가장 구체적으로 사회적 관계가 구현되는 '현장'이므로 한국 여성의 건강관리활동은 지구적 현상이 형상화되는 장소로서의 활동이 된다. 그러므로 우리사회 여성의 건강관리활동에서 지구화의 영향은 어떤 양상으로 전개되며, 왜, 그리고 무엇이 여성들로 하여금 이러한 관심을 유지하도록 만드는가를 규명해볼 필요가 있다.

지구화와 젠더 문제에 관한 논의는 우리사회에서 어떤 다른 영역보다 여성과 노동의 영역에서 구체적으로 다루어져 왔다. 여성의 삶의 다양한 문화영역에서도 최근 연구의 진전이 나타나기 시작하고 있다. 그것은 현재 세계적으로 지구화와 젠더 관련 여성주의적 이론의 형성이 진전되고 있다는 사실과도 무관하지 않을 것이다.

이러한 선상에서 지구화의 영향에 대한 지역 여성들의 반응과 대응의 의미 파악에 중점을 둔 건강관리활동에 대한 이 연구는 지구적 보편 현상뿐만 아니라, 여성간의 차이를 포착할 수 있게 해 주는 지구/지역의 역동성과 한국적 특수성에 주목한다. 따라서 한국 여성의 건강관리활동이 지구화를 통해 어떻게 한국(지역)에서 건강에 대한 욕망을 형성하고 사회적으로 구성되고 있는가를 파악하고, 이를 통해 공공 건강정책의 수립을 제안하고자 한다.

따라서 이 연구의 목적은 지구화 시대에 지구/지역의 역동성과 성별정치학이 만나는 교차점에서 여성의 건강관리활동의 경험을 고찰함으로써 한국이라는 지역이 보편적인 지구적 현상에 반응하고 대응하는 지구/지역의 특수한 역학을 파악하고, 여성관련 공공 건강정책을 제안하는데 있다.

2. 여성주의적 지구/지역과 여성의 건강

90년대 중반까지 여성의 몸과 관련된 다양한 이슈 가운데 주로 주목되어 온 것은 섹슈얼리티, 성폭력, 아내폭력, 다이어트였다. 최근에는 정보기술이 자본의 이동과 함께 가져온 욕망의 상품화, 다양한 소비문화에 대한 욕구의 증대와 함께 이미지의 유입에 의한 몸에 대한 억압을 다룬 연구들이 나오고 있다.

최근의 몸 관련 연구들을 좀 더 세분화하면, 첫째, 서구의 문화연구에서 미디어가 여성의 몸을 통제하는 방식, 정보기술이 인터넷을 통해 여성의 몸을 욕망의 대상으로서 표상하는 가상현실 등의 문제, 둘째, 여성의 몸과 이미지를 상품화하는 문화소비의 문제들에 대한 연구가 있다. 셋째, 젠더 관점에서 몸과 여성건강에 대한 논의, 넷째, 생태여성주의 논의에서 여성의 건강문제를 다루고 있다. 우리나라에서는 이제 성별관점에서 여성건강연구의 필요성을 인식한다[1]. 그러나 이러한 몸, 건강 논의는 건강관리활동을 중심으로 다루지 않으며, 사회적 현상을 형성하고 있는 지구화와 지역 사이의 접점에서 지역간의 차이, 성평등, 그리고 여성의 행위성 문제와 지역의 맥락성을 규명하지는 않았다.

지구화의 일반 현상 및 지구적 여성환경운동과 한국이라는 지역의 여성환경운동사이의 유기적 관계를 논의한 이영숙(2001)의 연구는 여성건강활동을 성찰하는 접근법으로서 중요한 지구/지역의 역학과 교

---

1) 박정은·권수진, 1997; 송다영, 2001; 여성환경연대, 2003; 이영자, 2000; 허라금, 2000.

차되는 행위성에 대해 말해주고 있다. 이영숙에 의하면 지구적 중심
부의 논의와 언어를 한국 여성이 겪는 경험의 특수성으로 재해석하
고 변형하는 일이 지역에서 여성의 건강·환경활동과 같은 운동을
확산하고, 그 운동이 성인지적 운동으로 자리잡기 위해서 반드시 선
행되어야 할 조건이다.

따라서 한국 여성이 경험한 지역의 언어로 지역(한국)에서 이론화
할 때 한국 여성의 건강관리활동 관련 실천의 차원에서 여성이 행위
의 주체가 되는 정책 제안이 가능하고, 그러한 운동이 확산될 잠재성
이 높아질 수 있을 것으로 기대한다.

지구화가 가져온 경험 공간의 압축에 따른 공간들 사이의 역학은
하나의 폐쇄된 공간으로서 지역연구의 차원을 넘어서, 지구/지역 사
이의, 그리고 지역들 사이의 정치·사회적 위상의 연구로 그 지평을
넓혀 가고 있다. 지구화 논쟁은 그것이 국민국가에 주는 사회적, 경제
적, 정치적, 문화적 함의에 집중되어 있다.[2] 이러한 영역의 지구화 논
쟁의 이슈들은 한편으로는 경제적 양극화, 인간착취와 환경의 황폐
화, 다른 한편으로는 새로운 기회의 창출, 사회운동, 사회발전의 추동
과 관련되어 있다. 후자의 경우는 지구화가 국경을 넘어 사람들의 소
통을 돕고, 정보와 기준의 확산을 통해 약자와 소수자를 억압하는 지
구적 권력에 대해 지역인들이 대응할 방안을 함께 모색하게 해준다.

---

2) 지구화 개념은 20세기 후반 이후부터 그 모습을 드러내기 시작하다가, 탈냉전
   이후 국가간 관계에 있어서 경제가 이데올로기보다 중요한 문제로 부각되면
   서 새로운 사회적 현상으로 응결되고 있다.

지역이 지구적인 것에 의해 함몰되지 않을 가능성으로 지구/지역 관계를 몰성적으로 논하는 대표적 논자로는 로버트슨과 아파두라이를 들 수 있다. 로버트슨(Robertson, 1995)은 지역성의 생성과 통합 속에서 지구화가 형성되기 때문에 지구화는 일방적으로 중심부가 지역의 '지역성을 유린하는 과정'이 아니라고 주장한다. 이로써 로버트슨은 지구화보다는 "지구지역화(glocalization)"가 현재의 지구화 과정을 더 정확히 담아내는 용어라고 한다. 지구화 논의에 지역을 전면에 내세우는 그의 업적에도 불구하고 그는 첫째, 지역의 집단들 사이의 권력자원을 언급하지만 지구/지역 사이의 권력관계를 말하지 않고 있다. 둘째, 지구화가 가지는 영향력의 속도, 강도, 사회·경제문제의 심각성을 언급하고 있지 않다. 지구적인 것이 지역에서 일어난다는 것은 지구/지역 사이에 힘의 관계의 우열 없이 상호보완적이라는 의미일 수도 있고, 또한 지구적인 것의 지역잠식이라는 의미로도 해석될 수 있다. 로버트슨은 지구화가 근대 이전에 이미 존재했음을 강조하면서 지역에 들어온 중심부의 지배적인 가치, 지식, 문화가 보편성의 외피를 입고 지역에 침투해 오는 정치성을 간과하고 있다. 로버트슨에게 지구화는 분명 문명화이다. 그는 힘의 관계에 있는 이질성을 제압하여 하나의 질서 속으로 단일 편입시키는 과정에서 연동하는 지역문화현상을 중심부의 지구적인 것과 동일한 힘의 비중을 가진 지역적인 것으로 간주하는 한계를 지니고 있다. 그러한 한계에도 불구하고 로버트슨은 지역적인 것이 서구 중심부의 문화적 패권을 해체할 가능성을 열어주는 '지구지역화'의 개념을 제공하였다.

아파두라이(Appadurai, 1990)는 지구화 진행 과정에서 민족, 매체, 기술, 금융, 이데올로기 양상들 사이의 불규칙적이고 유동적, 그리고 급격한 변화를 통한 상호경합하는 세계사회문화의 분절 현상에 주목하면서, 지역성 생성에서 맥락성과 관계성의 문제를 논하고 있다(Appadurai, 1998). 로버트슨과 달리 아파두라이(Appadurai, 1998)는 지역성 생산에 대한 논의에서 지역의 주체 문제를 언급한다. 아파두라이는 지역성이 지역 주체의 실천으로부터 생겨나는 것에 주목하여 지역의 주체가 행위성, 사회성, 재생산성 차원에서 실천할 수 있는 조건들(지역의 사회구조, 문화, 계층 등)을 복합적으로 파악하도록 논지를 펼치고 있다(Appadurai, 1998). 그러나 아파두라이는 지역의 미시적 이웃관계 내에서 지역성이 어떻게 형성되는가에 집중 논의함으로써 지구/지역의 역학 내에서 행위 주체들 사이의 힘의 정치성을 간과하고 있다.

몰성적 지구/지역 논의의 한계점은 지역성에 대해 문화이론적으로 심도 있게 논하고 있지만, 인종, 계급, 국가, 성별, 섹슈얼리티에 의해 형성되는 "관계적 이해"(relational understanding)(Shohat, 2001)에 깊이 들어가지 못하는 한계를 안고 있다. 지역 여성이 처한 조건에 따라 각 요인의 교차에 의해 형성되는 복합적인 관계의 성격과 집단사이의 권력관계에 대한 다층적 규명이 부재하기 때문이다. 따라서 세부 집단 내에 있는 지구/지역의 차이뿐만 아니라 지역내 집단들 간의 권력의 문제를 간과하거나 소홀히 다루었다. 때문에 몰성적 지구/지역 논의는 "권력관계로 행위의 주체를 맥락화"(McNay, 2000: 4)하기엔 개념적 장치가 역부족하다.

다음에서는 여성주의적 지구/지역 논의들을 살펴본다. 지구/지역의 자본에 의한 권력관계에 의해 지역성이 유린되지 않으면서 지역성을 창조할 수 있는 것이 몰성적, 그리고 대안적 지구/지역관계 논의에서 주요 쟁점이 된다. 그러면 여성주의적 지구화 논객은 몰성적 지구화 논객의 논의 이상으로 무엇을 논하고 있나? 이제 본 연구의 주된 목적인 성별관계의 파악과 접목시켜 전 지구적인 것, 지역적인 것, 그리고 여성, 이 세 요소를 어떻게 절합 할 것인가가 우리의 과제다.

지역 여성이 폐쇄적으로, 독자적으로 존재하거나, 또는 지구적인 것에 영향만 받는 것이 아니며, 지구/지역 사이에서 지역 여성이 관계적 차원에서 행위의 주체라는 점을 밝히는 논자로는 드코번(DeKoven)과 쇼핱(Shohat)이 있다. 드코번(DeKoven, 2001: 6)은 기존의 지구적 이론들이 지역 여성의 실천에 적용될 때 가지는 문제점은 다양한 지역의 다양한 여성의 삶과 동떨어질 뿐만 아니라, 여성의 증대하는 활동과 참여를 위한 상황과 행위 사이를 고리로서 이어 주지 못하는 한계가 있음을 지적한다. 때문에 우리는 지역의 여성들이 지구화의 영향을 수동적으로 수용하기만 하는 대상으로서 존재가 아니라 그 구조적 작용력에 반응하고 대응하여 적극적으로 행위하는 맥락적 주체라는 사실을 유념하게된다. 쇼핱(Shohat, 2001: 1271)은 여성주의자들을 향하여 관계성의 이해를 촉구한다. 이러한 지구/지역 관계에 대한 여성주의적 접근의 특징은 이원체 즉, 지구/지역/, 이론/실천, 백인/유색인, 중심/주변, 보편/특수, 자아/타자와 같은 쌍들이 지구화 시대에 어떻게 "재구조화되고, 재기능하고, 재의미"(DeKoven, 2001: 2)를 가지는가를 이해하고자 한다.

지구화에 의한 시공간의 변화와 공간들 사이의 관계적, 맥락적 선상에서 여성주의가 직면하고 있는 핵심적인 이슈 중의 하나는 여성 일반의 가치지향적인 여성주의적 관점(보편성)을 공유하는 한편, 여성들 사이의 경험적 사실과 분석적 원칙의 특수성/다양성을 인정하는 것이다(통, 2000; Barad, 2001; DeKoven, 2001; Desai, 2002; Friedman, 2001; Hess, 2001; Mani, 2003; Shohat, 2000). 그 예로 전지구적 여성주의를 표방하는 통(2000)은 지구적 여성주의와 현장여성주의 시각 사이의 차이를 생명윤리 문제를 논하는 자리(Tong, 2001)에서 상세히 논의하고 있다. 그의 입장은 맥락적 다양성에 우선하여, 여성의 자유와 복지를 위한 보편적 권리를 획득해야 한다는 것이다. 반면에 셔윈(Sherwin, 2001)은 지구적 규범의 강조는 대안적인 도덕체계의 가능성과 권력구조를 은폐해 버릴 수 있음을 경고하면서 다른 대안의 모색을 주장하고 있다.

프리드먼(Friedman, 2001)은 근대적 시간성(temporality)으로부터 복합적인 탈근대적 공간성으로 전환하여 여성주의 이론과 실천이 탈근대적 지구/지역의 지형들과 가지는 상호관련성을 주제로 논의하고 있다. "지리적으로, 지역적으로 특정하지만, 그럼에도 불구하고 통합된 (그러나 단일화된 것이 아닌)"(DeKoven, 2001: 4) 여성주의를 지향한다. 프리드먼(Friedman, 2001)은 이것을 현장여성주의(Locational Feminism)라고 명명한다. 이 현장여성주의에서는 행위의 주체가 중요한 요소가 되고, 젠더가 인간 삶의 다른 구조적 요소와 사회제도로부터 고립되어서는 안된다는 점을 부각시키고 있다.

그러면, 몰성적 지구/지역 이론과 여성주의적 지구/지역 이론의 공통요소와 차이점은 무엇인가? 후자는 우선 성별정치학 논의가 가지는 특성에 근거하여 행위의 주체성을 전자보다 더 부각하게 된다. 행위의 주체를 더 강조하기 때문에 이에 수반하여 지역의 경험이 전자보다 더 부각된다. 그 다음으로 기존의 몰성적 지구/지역 논의에 비해 여성주의적 지구/지역 논의는 한층 더 복합입장성, 즉 다양한 요인들 사이의 복합적 교차(계급간의 물질성, 권력관계 문화, 성별관계, 민족과 국가간 차이, 여성간의 차이 등)를 강조하는 경향이 있다.

여성학적 관점에서의 건강은 생물학적 차원을 넘어 다양한 사회문화적 차원들이 유기적으로 관계하는 것으로서 이해된다(허라금, 2000: 160−173). 허라금(2000)은 "여성주의 윤리에 공통적인 특징인 관계적이고 맥락 중심적인 이해"를 따라, 포괄적, 사회문화적 접근을 할 것을 강조한다. 여성의 건강에 관한 담론과 건강관련활동은 그 사회의 가부장적, 문화적 성격과 무관할 수 없다. 우리의 관심인 지구/지역의 관계성에 이 논지를 적용하면, 한국 여성의 건강관리활동은 성별관계라는 보편적 문제를 가지고 있기에 그 경험이 거의 동일하리라고 단정할 수가 없게 된다. 지역성의 생성과정이 다르고 그 지역성이 지구적인 것에 의해 상승작용을 받거나, 지역적인 것이 지구적인 것에 대해 저항하는 역학이 일어날지도 모른다. 여성의 건강과 질병도 여성의 총체적 삶의 역할과 지위에 달려 있기에 여성 자신의 삶과 몸의 특수한 상황적 경험을 반영시켜야 할 필요가 분명하게 존재한다.

3. 연구의 내용, 범위 및 방법

1) 연구의 내용

이 연구는 여성들의 건강관리활동이 사회적으로 구성되는 측면을 파악하는 것이다. 즉 해부학적인 몸과 건강이 아니라 사회적으로 구성된 건강관리활동의 현상과 행위를 지구화의 한 특성인 지구/지역의 관계성과 연관하여 탐색하는 것이다. 지역(regions)들 사이의 "역사적이고 담론적인 연관성(Shohat, 2001: 1270)"을 논외로 하는 지역 연구(area study)와 달리, 지구화 연구분야에서는 지역들간의 관계에 주안점을 두는 본 연구의 구체적 내용은 다음과 같다.

① 한국 여성의 건강관리활동의 동기와 사회구조적 맥락을 파악한다. 여성들의 건강관리활동 참여 동기와 추구하고자 하는 바가 무엇이며, 그러한 것들은 여성이 경험하는 어떤 맥락적 기제와 맞물려 있는지를 고찰한다. 대부분의 사회에서 여성의 건강관리활동이 있겠지만, 한국의 사회적 전통의 어떤 맥락적 요인이 여성들로 하여금 그러한 건강관련활동을 하도록 추동하는지를 파악하고자 한다.

② 지역(한국)여성이 정보의 지구화를 통해 건강관리활동을 지구화하는 방식을 고찰한다. 지구적 자본과 지구적 정보통신기술의 발달과 함께 유입되는 지구적 이미지가 여성의 몸을 상품화하고, 동시에 여성의 건강관리활동에 대한 의식상의 변화와 이러한 변화가 여성으로

하여금 가부장제에 도전하게 만들고 여성의 행위성에 미치는 영향과 현상을 사회변동적 맥락에서 파악한다.

③ 지구적 시장의 생활양식의 획일화에 대응하는 한국 여성들의 건강관리활동의 특수성을 파악한다. 한국 여성의 건강관리활동이 지구적 중심부와 차이나는 지점을 부각시킴으로써 한국 여성의 건강관리 활동상의 지역적 특수성을 파악한다.

④ 이러한 분석들을 통해 지구/지역 사이 역학의 특성을 파악하고, 이를 통해 지구화 현상에 대한 여성주의적 이해에 주는 이론적 함의를 파악한다.

⑤ 여성의 건강관리활동 관련 공공정책을 제안한다. 자료 분석을 토대로 현재 여성의 건강관리활동에 대한 정책적 대안을 제안한다.

2) 연구의 방법

이 연구의 자료수집방법은 첫째, 문헌검토를 통해 여성의 문제, 국내외 건강관리활동 및 관련 정책에 대한 일반 현상을 파악하고자 하였다. 둘째, 여성들의 건강관리활동을 참여관찰하거나, 방문관찰하였다. 셋째, 서울 및 수도권 지역의 20대에서 60대 사이에 선정된 여성 19명을 대상으로 2003년 4~7월 사이 심층면접조사를 실시하여, 문헌과 관찰을 통해 밝혀지지 않는 의식, 내적 동기와 기제에 대해 파악하였다. 넷째, 한명의 여대생이 2003년 10월에 작성한 몸에 대한 쪽글을 통해 생생한 경험의 자료를 수집하였다. 다섯째, 국내에서 만날 수 있는 미국 여성(연구자 2, 교환대학생 1)과의 면담을 통해 미국 여성의 몸에 대한 견해를 부분적으로 수집하였다. 여섯째, 기관 방문 및 전문가면담을 통해 배경 자료를 수집하였다.

면접은 미리 짜여진 표준조사표로 조직화하지 않고, 다만 최소한의 면접지침 정도만 가지고 실시하였다. 이 질적 연구방법의 조사를 통해 드러나는 여성 개인의 경험을 중심으로 건강관리활동을 하게 된 동기와 배경, 사회적 맥락, 건강관리활동으로 인한 변화를 중점적으로 포착하고자 하였다.

<표 1> 심층면접 대상자 및 쪽 글 제출자의 인적 사항

심층면접사례	나이	직업
1	20대	학생
2	20대	직장인
3	20대	학생
4	30대	전업주부
5	30대	유치원교사
6	30대	개인지도교사
7	30대	대학원생
8	40대	춤 명상지도자
9	40대	지역사회운동가
10	40대	전업주부
11	40대	퇴직
12	40대	주부/수련활동가
13	40대	시간강사
14	50대	전업주부
15	50대	전업주부
16	50대	직장인
17	50대	주부/자원봉사자
18	60대	사회활동가
19	60대	시간강사
20(쪽글 사례)	20대	대학생

　　이 연구의 조사는 전국적인 표본을 대상으로 하지 않고 서울 및 수도권 지역으로 조사대상이 제한되어 있기 때문에 한국 여성의 건강관리활동의 특성으로 분석결과를 일반화 할 수 없는 한계점을 갖는다.

4. 분석

1) 건강관리활동의 성별성의 배경과 동기

지구화 시대의 현실에 여성들이 어떤 방식으로 자신의 사회적 존재를 건강관리활동으로 표출하는가? 여성들은 어떤 성별관계의 배경과 동기에서 건강관리활동을 하고 있는가? 한국사회에서 이런 독특한 현상이 일어나는 사회문화적 배경은 무엇인가? 지구/지역의 교차점에서 미국의 헐리우드 피트니스 뿐 아니라 요가도 들어온다. 이것이 우리의 건강관리 문화, 건강관리 인식 변화에 어떤 영향을 주는가? 이 연구의 과제는 이러한 여성 현상을 어떻게 지구/지역의 언어로 정교화 시킬 것인가에 있다.

(1) 해방의 공간을 찾아서

• 일반중년여성들의 해방공간: 여성들이 가장 흔히 이용하는 찜질방과 목욕탕의 경우가 대표적인 곳이다. 이곳은 자기만의 공간으로, 가식을 벗고 본래적 모습으로 친교를 하는 해방된 공간이다.

활달한 성격의 60대 초반 여성(사례 18)의 경우는, 간섭과 배제가 싫어 홀로 자기를 풀어헤치고 싶어서, 즉 간섭의 공간에서 벗어나 자기만의 방을 가지고 싶어 이러한 시설을 이용한다. 그래서 자기만을 위해 있을 수 있는 공간인 찜질방에 간다.

집에 목욕탕이 있지만, 살림집 떠나, 거기서, 친구를 만나 옷 벗고 격의 없이 얘기하고 싶어서. 내밀한 관계로. 단시간에 내밀한 친교로 … (사례 18)

사례 17도 "찜질방, 목욕탕은 다 벗었기에 허물이 없는 곳이예요. 거기서는 가정사 얘기들, 사는 얘기들, 속 얘기들을 해요"라고 한다.

찜질방은 여성들이 이 사회가 강요하는 모습으로 무장하고 살다가 무장 해제되는 곳이다. 외모지상주의의 억압에 순응할 수밖에 없어서 스스로 만든 일상의 이미지 노름의 굴레에서 벗어나 해방된다.[3] "발 가벗고, 신이 만들어준 모습과 친교를 맺고 싶고, 이제는 인위적인 것에 신물이 나서요"(사례 18). 물질문명에 의한 덧칠에 진력이 나고, 감동이 없다는 의미다. 무스와 헤어 드라이어로 공들인 헤어스타일, 짙은 파운데이션으로 가린 주름, 값진 핸드백, 값진 옷 다 벗어버리고, 이 모든 '이미지 만들기'에서 벗어나서 본래의 모습으로 만나자는 욕구에서 무수한 여성들이 찾아가는 곳이다.

상업적, 인위적, 껍데기로 있는 것에 신물이 나서 속 사람으로 '너 고민이 뭐야, 진짜를, 진실을 얘기하자' 라는 식이다. 진실을, 내면의 모습을 교통하는 일이 교회, 부부, 자녀와도 안되고 있는 것이 우리 사회의 현실이다. '너의 의식세계가 감추고 있는 진실의 세계로' 들어가려는 것이다. 남성은 폭탄주로 이것을 해결하려는 사회다.

그래서, 가장 손쉬운 생물학적 방법으로 허위를 털어 버리고 교통하고 나면, 깨끗한 느낌을 가지는 것은 명백하다.

---

3) 찜질방이 복합시설 형태로 대형화되면서 운동을 하거나, 다이어트 여성고객도 많다.

살림걱정, 질투, 짜증, 자식걱정 않고 그때가 좋다. 찜질방, 불가마에 10분만 들어가 있으면 다 녹아져서, 자기를 다 내려놓게 된다. 자기가 없어진다. 거기 갔다 와서 기분 나쁜 날이 없었다. (사례 18)

비록 주부들은 거기 갔다 와서 또 살림꾼으로 단번에 변신하지만, 모든 걱정과 고뇌를 물과 불의 과정을 통해 해소하는 것을 알 수 있다. 이 사회의 종교, 교육의 기능은 너무 자기 중심적으로 작용하고 있어 그 원래의 기능과 거리가 멀다. 그러나 찜질방은 들어갔다 하면 거의 100% 그것이 보상된다. 그러니, 찜질방은 생리적 치원이 아니라 해방적 수련의 차원이 된다.

찜질방, 불가마를 몸이 원하는 것으로 받아들인다. 몸은 정직하게 반응. 몸은 선입견이 없고 정직해. 순수하게 몸이 시키는 데로. (사례 18)

억압되어 막혀있던 존재를 '몸으로 말' 하여 뚫는 것이다. "… 현 의료체계에 의한 서비스는 여전히 가부장적 질병모델을 유지하고 있어서 현대사회에서 변화하는 여성의 의식과 여성의 특수 상황적 건강문제에 관한 이해가 부족하다. … 뿐만 아니라 건강문제에 대처하려는 여성나름의 태도와 행위를 왜곡하고 비난하므로 여성에게 점점더 큰 정신·심리적 갈등을 안겨주기도 한다"(박정은·권수진, 1997: 3-4). 4,000원~10,000원만 주면 있을 수 있는 공간, 계속 남에게 희생만 하다가 찜질방에 가끔 가는 사람들은 이것은 분명 자신을 위한 공간인 것이다. 항상 이타적으로 보살피며 살아야 하니까 휴식을 취하기 위해서다.[4] 과거엔 아랫집 윗집의 부인네들 끼리 모여서 '수다'를 떨며 자기 시간을 가졌다면, 이제는 찜질방 이용과 같은 건강관리활동이 자기를 위한 시간이 되고 있다.

따라서 여성들이 자기 자신을 위해 무엇인가 하는 것을 사회가 비난하는 것은 너무 성급하다. 여성들이 쉴 수 있는 공간, 여성들의 내적 욕구를 풀 수 있는 사회적 장치, 건전하게 레크레이션 할 수 있는 공간을 사회가 만들지 않고는 찜질방을 해방공간으로 상업적으로 만들어 놓고 비난한다. 즉 사회가 여성들의 문제를 가장 이기적, 개인주의적인 방법으로 풀 수밖에 없도록 몰아가고 있으면서 사회가 왜 너여기 있느냐고 질책한다.

• 몸을 자본으로 하는 감정노동 여성들의 해방공간: 찜질방을 해방공간으로 이용하는 다른 집단의 여성으로는 몸을 자본으로 살아가는 여성들이 있다. 이들은 해가 지면 남자들의 비위를 맞춰주고, 낮에는 자기를 위해 사우나, 찜질 등을 하면서 시간을 가지는 여성들이다. 이 여성들은 몸으로 혹사당한 후 이곳 찜질방에 와서 받았던 억압을 다 푼다. 감정노동을 강요하는 남성들에게 시달린 후, 찜질방의 휴식으로 생존의 주체성을 복원하는 공간이다.

• 서민여성들의 해방공간: 하룻밤 여관은 최저가 25,000원 정도라

---

4) 주부들은 이곳에서 계모임을 하기도 한다. 물론 계속 이용하는 주부 중에는 중독이 되어 찜질방에 가야 몸이 시원하다고 생각들 하는 이들도 있다.

면, 찜질방은 6,000원이면 잘 수 있으니, 술집여종업원, 사회의 가장 밑바닥의 장사아줌마들이 모이는 곳이기도 하다. 여관은 무서우나, 찜질방은 사람이 많아 무섭지도 않다고 한다. 그들에게 찜질방은 해방공간이자 "애미 역할"을 하는 공간이다.

(2) 우울, 좌절의 극복을 위해

여성들에게는 일상의 기계적인 삶 외에는 공적이든 사적이든 통로가 막혀 있다. 이 항은 공적/사적 영역에서 여성의 주변적인 지위, 즉 노동시장 내 여성의 지위와 가성 생활에서 여성의 성역할과 가족문제로 인한 여성의 내적 우울과 좌절을 극복하고 충족되지 못할 욕망으로부터 벗어나려는 측면을 보여주고 있다.

한국 여성의 평균 수명은 남성보다 7~8세 길지만 각종 질병을 앓는 비율은 남성보다 여성이 높다. 여성의 건강이 이처럼 떨어지는 원인은 우선, 여성의 건강문제를 상대적으로 소홀히 취급하는 사회, 문화적 분위기와 함께 재생산 역할과 관련된 여성 특유의 건강문제가 주요 요인으로 지적되고 있다. 여성의 정신질환 유병율[5]이 남성보다 높은 것은 그들의 건강관리활동의 동기가 좌절된 욕망, 자율성, 인정, 권한이 사회적으로 주어지지 못하는 점과 관련성을 가질 것이다. 특히 주부의 우울증은 5명 중 1명은 걸릴 수 있다고 한다. "우울증은 슬

---

5) 한겨레(2002. 2. 2)에 의하면, 알코올·니코틴 중독을 제외한 정신질환 평생유병율이 여성이 19.4%로 남성의 7.1%에 비해 2.7배나 높은 것으로 조사됐다. 유병율이 9.1%로 세 번째로 높은 '불안 장애'의 경우, 여성은 13.5%로 매우 높은데 반해 남성은 4.8%에 그쳤다. 유병율이 4.8%인 우울증 등 기분 장애도 남성의 2.3%에 비해 여성은 7.5%로 높았다.

프고 우울한 기분, 불면, 무기력, 기억력 감퇴, 비관적 생각, 의욕상실 등"6)을 특징으로 하는 신경성 질환이다. 여성들은 심리적 불안과 스트레스, 가족 간의 갈등, 그리고 좌절된 욕구에서 벗어나기 위해 에어로빅, 헬스를 하거나, 내적 평화를 구하기 위해 아시아적 전통의 수련을 택하고 있는 것으로 나타나고 있다.

• 여성의 성역할, 가부장적 가족관계에서 돌파구를 찾아서: 자녀 양육의 책임을 끝낸 많은 40대 후반 이상의 여성들은 목욕탕에 가서 혼자 목욕을 하면서 가정에서 억압적 남편과의 관계에서 상한 마음을, 자신의 몸을 씻고 어루만진다. 그리고 서로 등도 밀어주면서 무언의 연대감을 느끼게 된다. 이처럼 스스로 위로하고 자신의 우울에서 벗어나고 있는 여성들을 관찰할 수 있다.

여성들의 성역할, 가부장적 가족관계 관련 현상들은 사례 4, 10, 14, 16의 면접자료에서 나타나고 있다. 30대 초반의 사례 4는 결혼 전에 유치원 교사로 일하다가 결혼 후 직장을 그만두었다. 아기를 낳은 후 힘든 일상과 시부모와 함께 사는 데서 오는 스트레스를 풀고 싶어 에어로빅을 시작하였다고 한다. "에어로빅은 많이 움직이는 것이라 자기만의 시간에 자기를 푸는 것"(사례 4)이다. 경제적으로 넉넉지 못한 그녀지만 월 1만원으로 동사무소에서 주 4회 에어로빅을 할 수 있으니 경제적 부담은 없다.

---

6) 삼성제일병원 자료

시대 물정도 모르고 사는 것이 후회스럽기도 하다. 아이를 위해 집에 있을 뿐이다. 아이를 엄마가 키워야한다는 내 주관 때문에. 나는 활동적으로 살고 싶은데, 미혼 시절은 아버지가 보수적이라서 자유가 없었고, 결혼 후는 살림 때문에, 그리고 유치원에서 미혼을 선호하기 때문에 직장을 고만두게 되었다. (사례 4)

사례 14는 50대 여성으로서 고졸 학력의 주부다. 10년 이상 에어로빅을 하다가 이제는 문화센터에서 한국무용을 수강하고 있다. 그녀가 에어로빅을 시작했던 것은 "시집살이에서 돌파구를 찾기 위해서" 였다. 치매를 앓고 있는 시어머니의 수발을 드는 것이 너무 힘들었기 때문이다. 남편도 적극적으로 지원하기에 에어로빅을 시작한 그녀는 음악에 맞춰 함께 신나게 동작을 하고 나면, "안의 무엇이 풀어지는 느낌"이었다고 한다.[7] 그녀는 특히 현재 하고 있는 한국무용에서 "북 치기는 북을 때리면서 치니까 굉장히 신이 나고, 몸에 있는 나쁜 기운을 다 풀고, 스트레스를 푼다"고 한다. 반면 그녀는 한국 무용에서 살풀이는 "음악은 느리고 정적인데, 내 마음을 모두 실어서 몸으로 표현하는 것"이라고 한다.

살풀이가 너무 좋았다. 우리춤은 저 밑에서부터 우러나온다. 내 모든 것을 실어서 살풀이를 한번 추고 나면 땀이 흠뻑 젖는다. (사례 14)

여기서 '내 모든 것을 실어서'라는 말은 정성을 다하여, 집중하여,

---

7) 두 자녀도 엄마가 그런 운동을 하는 것을 좋아한다고 한다.

몸과 마음이 하나로 일원화되는 상태다. 다른 경우로 사례 15는 한국 무용은 "자신에게서 거리를 두고 자기 자신을 바라보는 관조의 춤"이 므로 한국 무용을 몇 년 전 시작한 이래 매사에 당황하는 일이 없어 져 남편과 자녀들이 무척 좋아한다고 한다. 그녀는 '춘앵무'를 추고 나면 "아무 생각이 남아 있지 않다"고 한다. 이것은 아시아 문화에 있 는 내적 자유의 상태로서 모든 것으로부터 '해방'되었다는 의미가 된 다.

그런데 한국무용가 김경란은 한국무용은 "희로애락을 직접적으로 표현하는 것을 미학적으로 선호하지 않게 된다. 흐르는 듯 마는 듯, 관조적" 이어서, "자기를 응시하면서, 자기의 의식이 몸에서 분리되 어 자기의 몸을 바라본다"는 것이다. 이것은 서구의 몸과 마음의 이 원적 분리가 아니고, 자신에게서 거리를 둔다는 의미에서 분리이므로 몸과 의식이 결합되어 있으면서 그 결합을 넘어서 자기를 바라보는 의미라는 것이다.[8] 그것은 일상의 고통과 일상 자체로부터의 몸과 마 음의 해방을 향한 몸짓이라는 의미를 내포하고 있다.

사례 16은 외국유학을 경험한 고학력의 50대 후반 여성이다. 전통 호흡수련의 일종을 4년째 하고 있다는 그녀는 "호흡할 때 마음에 맺 힌 것이 있으면 가슴에 걸려 단전호흡이 안되거든요. 그래서 주로 '마음을 내리는 것'을 해요. 그게 딴 생각 안 하면서 단전에 집중해 마음을 비우는 것이죠"라고 한다. 인생에서 가장 큰 고통은 "시집살 이 할 때와 현재도 남편과 의사소통이 전혀 안 되는 것"이라며, 단전

---

8) 김경란에 의하면, 한국무용은 기 운동이고 수련이라고 한다.

호흡의 수련이 "미운 사람, 하고 싶은 욕망 같은 잡념을 없애준다"고 한다. 수련이 가부장적 가족관계로부터 오는 복잡한 상념들에서 벗어나게 해주고, 충족시킬 길이 없는 욕망을 다스릴 수 있게 해준다는 것이다. 그녀의 높은 학력과 연관지어 볼 때, 그 욕망의 다스림은 그녀의 사회적 좌절감을 다스린다는 이중적 의미를 가진다. "여자들이 50이 넘으면 무서운 것이 없다"는 그녀의 말은 최근까지 그녀가 감내해 온 욕망의 좌절에 대한 역설적인 표현이 된다.

사례 12의 경우도 여성이 풀어야 할 것이 쌓여 있음을 보여준다.

> 잘 놀 때 단전호흡이 저절로 된다. 피리불기, 장구, 시조, 민요 부르기 등이 모두 호흡과 연결되어 있다. … 놀면서 즉, 몸에서 진동하는 노래를 많이 하고 춤을 출 때 가슴에 맺힌 것을 풀어준다. (사례 12)

여성들은 혼자 집에 있으면 뭔가 불안하고, 일상으로부터 탈출의 욕구를 가지고 있다(사례 10). 사례 10은 40대 후반의 주부로서 결혼하기 전에는 직장생활을 했으나, "결혼 후부터 '일'을 그만둠에 따라 생긴 의기소침, 불안, 스트레스, 늘 나른한 무력감에서 벗어나기 위해" 수영과 에어로빅을 6년 이상 해왔다고 한다. 이때 '일'은 공적 노동을 의미한다. 그녀는 "'우린 괜찮아'라는 주부들의 자위는 사회적 활동이 없는 것에 대한 그들의 스트레스를 단적으로 더 드러내 주는 말"이라고 한다. 아직도 자기 일을 성취하면서 사는 사람을 존경하지만, 이제는 "일하는 전문직 여성을 부러워하지 않고 열심히 운동만 한다." 자기의 능력과 가정 사이에 늘 드리워져 있는 보이지 않는 갈

등에서 벗어나기 위해 오랫동안 "학교 다니는 학생처럼 열심히 운동에 전념" 하면서 사회적 욕구를 접어 왔다. 열정을 바쳐 '일'하듯이 운동을 해온 것이다. 그녀에게 에어로빅은 욕망의 사회적 배출구였다.

자녀양육과 남편의 뒷바라지를 하는 중산층 여성의 스트레스와 무력감에서 운동을 시작하여, 무엇인가를 하고 있는 자신에 대한 긍정적 느낌. 운동을 열심히 해서 "열심히 사는" 느낌으로 살아가는 중년 여성을 보여주는 사례이다. 운동이 마치 허위의식의 기능이라도 하는 것 같다. 공적 노동을 통해 여성들이 자신의 능력을 발휘할 사회적 기회가 아주 적고, 다만 경제적 여유와 시간적인 여유가 있는 여성들은 하나의 사회활동에 준하는 활동으로서 에어로빅, 요가 등을 건강관리활동으로 하고 있는 것이다.

• 노동시장에서의 취약한 지위에서 오는 여성의 우울과 좌절에서: 단전 호흡, 요가 등의 전통문화와 맥을 같이하는 수련에서 여성들은 자신의 내면을 들여다보고 스스로 내적 고통으로부터 벗어나려는 시도들을 하고 있다. 사례 11과 사례 13은 둘 다 전문가로서 능력 있지만 이 사회가 여성에게 공적 활동의 장을 열어 주지 않기 때문에 심한 좌절을 겪는다. 고학력 전문직 여성인 이들은 노동시장에서 주변인이 되는 상처로 인해 좌절과 번민의 찌꺼기가 몸에 남아 건강을 좀먹지 않도록 마음을 비우는 전통 수련을 하고 있다. 전통 수련은 생각을 비우는데 집중하기 때문이다.

국내에서 누구보다 먼저 IT분야의 전문기술을 가지고 대기업의 전문직 여성이었던 사례 11(40대)은 남편과 사별한 후 나빠진 건강으로

3년간 고생하던 끝에 단전호흡을 시작하였다. 서구식 문물의 영향 아래서 성장하였고, 서구 유학의 경험까지 있는 그녀지만, 단전호흡을 하면서 자신의 의식을 바꾸어 버렸다고 한다.

> 단전호흡을 하면서 서구 문화와의 연결점을 잘라버렸어요. 과거엔 기계적이고, 서구적인 생리학, 물질로 구성된 내 몸이라고 생각했었지요. 그런데 단전호흡은 전체에 기운이라는 것이 있고, '나'라는 존재는 그 기운을 잘 받아서 운영해야 한다 것이에요. 서구적인 운동과 서구식의 치료는 내 몸이 못 따라가서 건강 회복이 잘 안되었어요. (사례 11)

이 말은 나를 치유할 힘이 내 안에 있다는 의미다. 서구 건강의 개념에는 나를 치유한다는 생명의 자생력 개념이 없다. 서구적인 것은 기계적으로 몸을 좋게 하는 것인데 단전호흡은 사람의 내부에 원래 기운이 있는데 기운을 타서 스스로 고칠 수 있도록 한다는 것이다. 이것은 서구에서는 들을 수 없는 아시아적 건강관리의 접근법이다.

자신의 학력과 능력에 상응하는 사회적 지위가 없는 사례 11은 그 좌절감을 단전호흡이라는 건강관리활동으로 극복하고 있다. 사례 11은 단전호흡을 하면서 "내가 모든 것을 통제해야 한다고 생각했었고, 그 잘못된 생각 때문에 엄청난 긴장과 스트레스로 인해 병이 생긴 것을 깨달았다"고 한다. 이 말을 풀어 보면, 일반적으로 자신을 통제해야 한다는 '현대적 자아의 책임'은 첫째, 몸의 안팎의 본래적 특질과 맞지 않는다는 해석이 가능하고, 둘째, 의식이 몸보다 먼저 앞질러 가고, 의식이 몸을 끌고 가기보다는 몸과 마음이 연결되어야 편안한 상태가 된다는 해석이 가능하게 된다. 사례 11에게 단전호흡은 서구적 자아가 한번 깨지고, 자아에 대한 새로운 인식으로 살게 되는 계기가 되었다.

그러나 능력과 업적에도 불구하고, 갑작스런 구조조정대상으로 직장을 떠나게 된 후 그녀는 한증막을 약 6개월 간 애용하였다고 한다. 이유는 "너무 생각을 많이 하고, 너무 긴장하고 산 것에 대한 반성의 시간이 필요했어요. 전혀 근대적이지 않은 한증막은 바쁘게 살다가 바쁘지 않게 사는 시간의 체험이고 및 훈련이었어요. 너무 긴장하고 살다가 시간을 천천히 보내고, 내 몸에 대해서 생각하기 시작했지요."

다른 전문직 여성의 경우로 사례 13을 볼 수 있다. 사례 13도 석사학위의 고학력자다. 그런 학력과 능력에도 불구하고, "시간강사 10년째, 이것은 행복한 일이 아니다"라고 자신의 사회·경제적 현실을 내뱉듯 말하는 그녀. "신경안정제를 처방 받아 복용했었으나, 그 약을 복용하면 일상생활을 할 수 없었다"고 한다. 그러면서 그녀의 좌절과 우울을 해소하는데 서구적인 것보다 한국적인 전통호흡수련을 다른 활동보다 더 선호하는 경향을 보인다. "수련은 스스로 내 안에 들어가게 하니까, 그런 성취 욕구가 무의미하게 보인다. 수련을 하면서부터 신경성 소화불량이 없어졌고, 부수적으로 몸의 유연성도 따라 왔다"고 한다.[9] 이러한 수련은 분명 사례 13에게는 극복으로서 자기관리의 방법이 된다.

---

9) 전통호흡수련 중 한국적인 것에는 젊은 이 보다 중장년이 더 많이 참여하고 있다.

• 자기 일을 위한 재충전의 시간 : 사례 9의 경우는 운동이 과로 후의 스트레스를 푸는 "휴식의 개념"이고 머리를 비우고 재충전의 시간이다. 그 재충전으로 힘을 받아 남성들과 경쟁하는 지역사회에서 활동한다. 사례 19의 경우는 '헬스' 운동을 통해 체력을 길러 아직도 소중히 가지고 있는 공적 지위에 대한 꿈을 실현시킬 준비를 하고 있었다. 그녀는 "일하기 위해 운동 할 뿐이다. 잡담하고 시간 보내기 위해 운동하는 것이 아니라, 에너지 축적해서 일하기 위한 것"이라고 말한다. 수 십년 간 홀어머니로 딸 셋을 최고 교육시킨 그녀는 "기계 맛사지가 그저 고맙다"고 한다.

사례 9는 여성정치에 뜻을 두고 활동하고 있고, 사례 19는 경제적 기반을 탄탄히 하려는 뚜렷한 목표를 가진 여성이므로 두 사람은 일반 여성들보다 더 열심히 휴식과 체력단련으로 여성을 차별하는 사회에서 요구되는 경쟁력과 재생산력을 회복하고자 한다. 즉 자기실현을 위한 수단으로서 운동하는 것이다.

(3) 상처의 치유로서 몸짓

상처의 치유로서의 몸짓은 하층민 여성들의 삶의 특성에 맞물려 있다. 삶의 바닥에서 맞부딪치는 양육, 생계, 남편, 시부모와의 관계, 모자관계 문제와 같은 삶의 진창 속에서 받은 상처에서 헤어나려는 치유의 몸짓이 있다.

상처의 치유로서의 몸짓에 해당하는 건강관리활동의 선명한 예로 춤명상의 사례를 들 수 있다. 사례 8은 빈민지역여성들을 위한 사회운동을 하다 보니, "몸과 영혼이 모두 고갈되어", "몸을 슬슬 움직여

보려고", "몸이 가는 데로 마음이 가는 데로" 춤을 추기 시작했다고
한다. 춤명상의 내용은 '몸풀기'와 '몸으로 말하기'로 구성되어 있다.
춤명상의 필요성을 스스로 경험하고 인식한 끝에 그 방법을 개발하
여, 달동네 주민여성들을 위해 봉사 지도하는 사례 8에 의하면, 춤명
상은 테크닉 춤이 아니라 "자신의 마음에 있는 것을 몸으로 표현하는
것이므로 훨씬 강렬하게 나온다"고 한다. 그녀는 "여성의 몸은 민감
하다. 몸은 의지적으로 극복했던 것도 표현해낸다. … 몸의 소리를 듣
고 자신을 발견하고, 관계를 회복하고, 치유되는 모습들을 경험하게
된다. 그러니, 상담과 치유의 지름길이 몸이 된다"고 한다.

> 건강이란 신체적인 것도 있지만, 영혼과 마음의 연관인데, 어떤
> 한 부분이 고장나면 상호연관이므로 다른 부분이 고장난다. 영혼
> 에 고장이 오면, 몸에 고장이 온다. 가정주부들이 움츠려들어 살
> 다가, 춤 명상을 프로그램에 넣어 춤으로 몸을 풀어주니까 아우
> 성을 치며 운다. (사례 8)

이 억압적 사회 속에서 살아가는 주변부의 여성들은 춤동작으로
몸을 풀면 몸이 자기의 상처나 아픔을 말해낸다고 한다. 말로는 속일
수 있으나 몸의 세포 하나하나는 그 억압을 다 기억하고 있으니, 몸
의 소리를 들으면 매맞은 여성, 알콜 중독자 남편의 문제, 아기를 데
리고 남편 없이 겨우 살아가는 여성들의 마음이 나타내려는 메시지
를 잘 읽어 낼 수 있다고 사례 8은 증언한다. 말로 얘기 할 때는 주변
을 의식하여 취사선택하고, 가식적으로 장식도 가능한데 몸으로는 있
는 그대로 표현한다는 것이다.

치유 경험 과정에서 슬픔, 분노가 분출되고, 지금까지 억누르고
있었던 남편과의 관계, 시부모와의 관계, 자녀 문제가 다 터져
나오게 된다.(사례 8)

몸의 긴장을 풀어 주고 몸으로 말을 하게 하면, 막힌 것이 뚫어지
고, 말들이 안 통하는 세상에서 몸으로 표출했을 때 비로소 자신이
외부 세계와 소통되기 시작한 것이다. 이것은 심리상담사를 찾아가서
말로 표현해서 풀기 어려운 몸과 마음의 조화의 순간에 몸이 해방되
어 일어나는 치유다. 이때 춤명상은 관계회복, 소통, 자기표현에 달성
하는 치유의 과정이 된다.

춤명상 치유에 참여한 여성들이 '신기한 경험'이라고 한다. 처음
에는 막연히 호기심으로 접근하다가 "시원하다," "편안하다" 얘
기를 제일 많이 한다. 춤을 무서워하고 "몸치"라고 스스로를 비
하하던 여성들이 삶에 주눅들어 있는 자들이었다. (사례 8)

이들은 몸이 시원해지는 느낌과 함께 부정적 생각, 어두운 생각으
로 세상을 보는 것에서 스스로 해방하고, 세상으로 나온다.
춤명상 뿐이 아니라, 무용이라는 서양 춤의 아주 단순한 몸짓 프로
그램에서도 극히 단순한 몸의 긴장 이완과 몸의 리듬에 작게라도 불
을 지피자마자 치유 효과가 나타나는 것을 목격하게 된 것은 필자에
게도 의외였다. 사랑과 가족 관계에서 자신의 욕구와 필요에 반하여
살아온 여성들의 내면에 아픔이 그 만큼 많은 것을 말해 주는 것이었
다.

30대의 한부모 가장인 사례 6은 춤으로 자아를 찾는 워크샵 프로그램을 며칠 수강하던 중 중학생 아들 앞에서 엄마가 무엇을 하는지 시연 해주는 즐거운 상호교섭의 시간을 가지자, 아들이 엄마의 존재를 비로소 인정하고 관계가 회복되었다는 감동적인 이야기를 들었다고 같은 반 수강생이 전해준다. 한국 사회의 이혼율이 지난 30년 사이에 7배가 늘었으니, 사회적으로, 경제적으로, 그리고 정서적으로 꽉 막히는 어려운 상황에서 자녀들의 눈에까지도 행복해 보이지 않고 스트레스에 찬 '이혼녀' 어머니와 유대감을 갖는 것이 어려웠던 것이다. "글로, 말로 나를 표현하는 것이 어려워 몸으로 나를 표현하고 싶었다." 춤워크샵이 어떤 변화, 도움을 주었느냐고 질문했을 때, "한꺼풀 벗겨지는 느낌이었다. 남편, 다른 사람과의 관계에서 감정이 상한 일을 큰 목소리로 표현하지 않았었는데…" 그녀는 사람과의 관계가 언어만으로 맺는 것이 아님을 체감했다. 의식에는 몸이 함께 존재해야 하는데 몸이 분리되어 있었던 것이다. 그리고 내적인 갖가지 욕구를 의지로만 떨쳐버리는 것이 아니라 몸으로써 표출하는 "춤으로 풀고 나자, 그 욕구로부터 자유로워짐을 느꼈다"고 한다. 그녀가 자신의 자녀들에게 일러준 춤워크샵 얘기는, "춤을 통해서 엄마가 '나를 찾아가고', 엄마를 '표현'하고, 몸의 동작을 익혀서 자신에 대해 '당당한 자세'를 취하고, 나는 할 수 있다는 '자신감'이 생겼다"고 전해준다. 그래서 사람들과의 관계에서 너무 참아서 병으로 나타났던 것이 많이 해소되었다고 한다. 그녀의 주체성이 회복되기 시작함을 보여준 경우라 하겠다.

경제적 부담 때문에 찜질방 가기도 쉽지 않은 하층민의 여성에게 그나마 찜질방은 가장 저렴한 비용으로 생활고에서 오는 몸과 마음의 상처를 치유하는 곳이다. 전직 보험설계사였던 사례 17은 경제적으로 어려움이 많고 몸은 고달프다.

> 너무 피곤하고, 몸이 너무 아파요. 노는 것보다는 나아 무료봉사 밖에 할 수 없는 사무실 컴퓨터 앞에 앉아 졸곤 하죠. 뜨거운 물에 들어가서 몸을 푸는 목욕 순간은 아무 생각을 안 하므로 기분이 좋아요. 찜질방은 모처럼 푹 쉬는 공간이지요. (사례 17)

어려운 가정 형편, 장애인 딸의 앞날에 대한 근심, 장애인 딸을 낳은 것이 아내의 유전자 문제라도 되는 것처럼 비협조적인 남편, 남편과 각방 거처하는 일 등을 생각하면 어느 것 하나 고통스럽지 않은 것이 없지만, 사례 17에게 찜질방, 목욕탕 이용은 고통으로부터 해방구 이상의 기능을 하는 치유의 시공간이 된다. 삶과 사회에 대한 답답한 그리고 상처 난 심정을 스스로 치유하는 것이다. 그 뿐만 아니라 사례 17에게 찜질방, 목욕탕 이용은 의상과 화장 같은 계층을 분리시키는 소지품과 치장이 없는 곳이니 타인의 눈에 비칠 자신의 초라한 모습에 신경 쓸 필요도 없는 곳이다. 무엇보다 늘 여성이 보살피는 역할만 하다가 '받는' 서비스는 사치스러움을 느낄 정도로 치유의 순간이 된다.

> 때밀이에게 내 몸을 다 맡기고 잠들어 버린다. 황홀한 느낌, 기분 좋죠. 내가 공주가 되어 시녀들의 시중을 받는 느낌이었어요. (사례 17)

(4) 몸 억압에 의한 '만성적 탈진'으로부터 탈출 시도의 징후

자아와 몸 찾기에 나선 젊은 여성들, 이들은 주로 30대 안팎의 미혼이다. 이들이 무언가 돌파구를 찾아야겠다고 마음을 먹게된 배경에는 지구화 시대의 문화상품이 서구적 이미지를 지역에 쏟아 넣은 것과 무관하지 않을 것이다. 서구의 기준으로 지역 여성의 의식을 동질화시켜 하얗고 작은 얼굴, 갈색 모발이 더 자연스럽게 보이기까지 하는 문화가 된 것이다. 그 결과, 한 부류의 여성들은 성형수술 등으로 몸을 물질화 하여 억압한다. 다른 부류의 여성들은 거울 앞에선 자신이 한국적 여성이 아닌 서구적 여성이기를 선망하면서 스스로 자신의 몸을 대상화하고 부정하고 있다. 또한 어느 부류에 속하는 여성이든, 지속적인 긴장, 음주와 흡연, 다이어트, 과로로 몸을 극도로 혹사시키고 있다. 몸의 물질화, 대상화, 혹사로 여성의 존재 자체를 분열시키는 시대가 된 것이다.

한국 여성의 몸 억압/학대 수준은 이미 극에 달했다. "성형공화국"이라는 말을 들을 정도로 성형수술의 열풍은 심각하다. 초등학생까지도 성형수술을 생각하고, 일반 직장인의 10명중 9명은 성형에 대해 긍정적으로 응답하고 있다(한겨레, 2002. 9. 14). 그런데 그 시술의 대상이 거의 여성들이다. 톱으로 잘라낸 턱뼈들과 다리근육의 신경을 절단해 근육을 수축시키는 수술은 목숨을 건 몸 만들기 행위다. TV 자료10)에 의하면 "〔수술하고 나면〕 나에게 투자했구나 할 텐데, 그것만으로도 우울한 것을 털어 버릴 것 같다"고 성형수술 대기자가 말한

---

10) KBS 제1 TV(2003 7. 20), <KBS 일요스페셜>, "미인: 어느 성형외과의 기록".

다. 이 TV 자료에 의하면 "자신감"을 가지기 위해 성형수술을 한다고 한다. 최근의 다른 연구 결과에 의하면(연합뉴스, 2004. 3. 7), 한국을 제외한 5개국 여성들은 과반수 이상이 만족을 표시한 것과 대조적으로, 한국 여성이 자신의 외모에 갖는 불만족도가 홍콩, 중국, 싱가포르, 말레이시아, 태국 여성과 비교했을 때 가장 높은 78.7%로 나타나고 있다. 두 자리수의 체중감량을 시도하다가 식사가 불규칙적이 되어 버리거나, 습관적 구토, 다이어트를 위해 대충 때우는 경향, 아예 119에 실려 가는 등 죽음에 이르는 다이어트를 시도하는 경우도 있나. 이 모두는 자기 자신과 자신의 몸 그대로를 받아들이지 못하는 "자기부정"으로 내몰린 모습들이다.

이는 외모로 인해 이성관계[11]에서는 물론 취업에서 불이익을 겪은 경험이 22.8%나 된다는 응답률을 보이는 바와 같이 한국이 어느 다른 사회보다도 외모중심적이기 때문이다. "내 몸과 만나는 길 위에서"라는 여대생의 과제물 쪽글에서 이러한 현실 속에서 살아가는 여성의 절절한 몸 이야기를 들을 수 있다.

> 사회에서 고상한 말로 비만(이것 역시 치욕스럽긴 마찬가지다)이라고 부르는 여자들에게 살을 죽이기를 권하는 좋은 구실 하나가 있다. 바로 건강이다. 비만은 만병의 근원인 암적 존재라고 겁을 주면서 자기 몸을 도저히 예뻐할래야 예뻐할 수 없게 만든다. … 문제는 이 '뚱뚱함'은 무조건적으로 개인의 영역, 즉, 게으름이나 무절제한 식탐으로만 치부되어 뚱뚱한 여자 어느 누구도

---

11) 사례 20의 경우, 외모와 이성관계 사이의 상관성이 극명하게 보인다: "대학 2학년 때 살이 엄청나게 빠지자 가장 먼저 변화한 것은 이성관계였다. 나를 좋아하는 남자가 여기저기서 나왔고 나는 그 달콤한 행복에 도취하게 되었다."

이 억울함조차 꾹꾹 자기혼자 삭이며 스스로 생채기를 내야 한다는 무시무시한 폭력이 음성적으로 자행되고 있다는 사실이다. 여자의 몸이 규격화되어 재단되고 있다는 끔찍한 현실이 나의 목을 조여왔다. 공장의 불량품 같은 자격미달의 나는 아무리 애를 써서 나를 개발해도 뚱뚱한 몸으로는 한 순간도 자유로울 수 없다. (사례 20)

고등학교 입시지옥을 치르면서 엄청나게 불었던 몸을 이번엔 굶겨서 조여놓았다. … 우리 사회의 여성에 대한 억압, 폭력, 통제는 분명히 존재하고 점점 더 교묘해져 여성들이 모든 것의 책임을 스스로에게 짐지우게 한다. 그 체제 아래서 여성들은 자신의 몸을 채찍질하며 옭죄면서 폭군처럼 괴롭힌다. 이 세계 안에서 여성이 그나마 자기 뜻대로 하소연하고, 스트레스를 풀 공간은 자신의 몸밖에 없는 것이다. 폭식하고, 잠을 안 자면서까지 술을 마시거나 TV를 보면서 혹사시키고, 그리고 다시 굶기고… 자기 몸의 가능성과 진정한 자기만의 아름다움을 발견할 기회를 박탈당하고, 또 스스로 박탈할 수밖에 없다. (사례 20)

이것은 여성들로 하여금 자기 몸을, 그리고, 자기 자신을 수용하지 못하게 하는 사회구조적 문제를 드러내 주는 생생한 자료다. 이러한 사회적 환경에서 젊은 여성들의 건강문제가 심각해지는 것을 볼 수 있다. 여자대학 보건소 직원에 의하면, "여학생들의 몸이 아주 약하고, 조그만 증상, 자극에도 약을 먹지 않으면 회복을 못해요"라고 한다.[12] 본 연구의 자료에서, 젊은 세대들이 자신의 건강 상태와 그들이 들려주는 친구들의 건강문제 정보를 종합해 볼 때, 우리 사회의

---

12) 2003년 10월 6일 모여자대학 보건소 직원과의 대화에서 전해 들었다.

20~30대 젊은 여성들의 몸 상태가 심각하고, 심리적 불안도 큰 것으로 나타나고 있다.

　20대 후반인 사례 2는 "요가를 기다리는 동안 헬스를 하는데, 헬스도 하고 나면 감정기복이 심할 때 편안해져요. 허리, 어깨가 항상 아프고, 두통도 심하고. 몸 전체 뻐근한 상태가 오래 되어 두렵고 해서." 인스턴트 식품 섭취량이 적지 않다는 그녀는 자주 속이 편치 않다. 그리고 "과로로 수면, 식사를 규칙적으로 못해서"(사례 2) 건강상태가 아주 나빠졌고, 심리적인 기복이 아주 심하다고 한다.[13] 그녀는 앞으로 요가수련을 통해 머리가 맑아지고 스트레스가 빠지는 정신수양뿐만 아니라, 군살 제거로 몸매 유지와 유연성의 효과를 기대하고 있다. "실제로 좋아졌는지 모르겠지만, 나도 운동도 하고 열심히 사는구나 하는 느낌이 들어요. 그냥 회사만 다니는 것이 아니고요." 그녀는 비용을 지불하고 상품으로 운동 프로그램을 구입했을 때, 자신을 위해 투자했다는 느낌을 가진다.

　대학원생인 사례 3도 스트레스 해소를 위해 원래는 요가를 하고 싶었으나, 요가 붐으로 신청이 불가능해서 다른 전통호흡수련의 유형을 택했다고 한다. 현재 그녀가 스트레스 받는 문제는 공부, 진로, 생리통, 피부여드름만이 아니라, 자궁에 있는 비교적 큰 혹이라고 한다. 그녀는 대학 1~2학년 시절 과도한 흡연과 과도한 음주로 몸을 혹사

---

13) 사례 2는 피트니스 센터를 이용하는데 월 6만원으로 다양한 종목을 자유롭게 이용할 수 있고, 한 주에 약 3회, 1회에 약 한시간 반정도 소요된다고 한다.

했었다고 한다. 그녀는 자신이 "책임감이 아주 강해요. 거기서 오는 부담감이 있어요. 다양한 활동을 하고 싶으나 책임을 다하지 못할 때 자학이 심해요. 그런 자학이 없어지길 바래요. 자학할 때 우울해져요." 건강회복을 위해 분명 자기 자신과 그리고 자신의 몸과의 화해가 선행될 필요를 보여준다.

전통호흡수련 프로그램을 이용하기 전에는 헬스 교실에 약 6개월 정도 다녔었는데, 헬스는 텔레비전 보면서 뛰므로 일상생활의 연장 같았다고 한다. 아마도 헬스는 바쁜 산업사회의 연장 같아 전혀 다른 차원의 운동을 원하게 되어 요가와 같은 전통호흡 수련법을 택하게 된 것으로 보인다.

몹시 피곤해서 자신의 몸을 스스로 제어할 수도 없다는 사례 7 대학원생. "지금 일을 할 수 없다는 것을 몸이 말해준다"는 그녀. "이미 너무 몸에 무리가 갔기에" 이제는 몸의 한계를 하루라도 넘겨 일한 날은 몸이 망가져 회복이 되지 않고 아파서 만사가 다 귀찮다고 한다. 그녀의 상태에 대한 느낌은 "굉장한 공포"라고 한다. 이제 일상생활을 유지하기도 힘들어, 아침에 일어나 집에서 스스로 요가를 하거나 산책을 한다. "요즘 너무 아픈 젊은 여성이 많아요"(사례 7)라는 그녀는 젊은 여성들이 몸을 위해 정말 무엇인가 하지 않으면 안될 한계점에 도달하고 있음을 강력히 내비치면서, 몸의 회복을 위한 의지의 몸짓을 보이고 있다. 20~30대도 "너무 아파요"라 하니, 이제 이 사회에서 여성들의 삶의 모든 모순이 몸으로 와서 폭발하기 직전임을 느낄 수 있다.

이러한 자료들은 몸의 억압문화에서, 몸과 마음의 분열의 문화에서, 일만하고, 자신의 몸을 자신으로부터 타자화시키는 문화에서 자기 몸이 반란을 일으키게 될 때까지 몸을 마구 다루어 왔음을 말해준다. 사례 20은 외모중심주의 사회에서 살아남기 위한 몸 만들기로 몸 혹사, 사례 7의 경우는 과로로 몸을 혹사, 사례 3은 과도한 흡연과 음주로, 사례 2의 경우는 과로와 불규칙적인 식사 습관, 잦은 인스턴트 식품 섭취로 탈진. 이 자료들은 모두 몸을 학대하는 분열된 자신과의 화해가 시급함을 말해주고 있다.

이러한 총체적인 몸 억압에 의해 여성들이 '만성적 탈신' 상태에 있음을 본 연구의 자료들이 말해주고 있고, 자연적인 귀결로서 몸 살리기, 자아 찾기를 시도하는 젊은 여성들이 증가하고 있다. 한국의 수련인구가 120만명이 넘는다는 것은, 특히 여성이 요가 인구의 90%를 차지하며, 다이어트와 마음을 다스리려는 목적이라는 보도들[14]은 딱히 몸 만들기 뿐 만이 아니라 심리적 건강 면에서, 그리고 몸과 마음의 조화 면에서 무슨 조치를 취해야겠다는 여성들의 위기감의 반영으로 볼 수 있다.

사례들에서도 분열된 자신으로부터 회복하려는 모습들이 포착된다. 몸과 마음의 분리를 극복해 가는 사례 1의 춤워크샵의 경우를 보자. 그녀는 대학생으로서 현재 요가원에 다니면서 다른 기관이 다른

---

14) 『앙앙』, 2001. 11. 4; <여성신문>, 2003. 7.
http://www.m2000.co.kr/week/991014/101404.html;
http://news.empas.com/show.tsp/20030701n00005.

곳에서 제공하는 단기 프로그램인 '춤워크샵'에 참가하고 있다.15) 그
녀는 4개월 전에 요가를 시작했는데, 요가의 "몸 동작만으로 이렇게
몰입이 되리라고는 생각을 못했었다"고 한다. 그녀는 "몸을 움직이면
훨씬 더 몰입할 수 있는 것을 깨달았다. 책을 읽는 머리로 움직이는
것보다, 요가 등은 몸의 동작이 함께 가므로 훨씬 더 몰입을 준다"고
하면서, 춤을 추면서도 내면을 볼 수 있었다고 한다. 이때의 몰입은
몸에 의식이 실린, 즉 몸 동작을 통해 몸과 의식이 하나가 되고, 몸이
내적 자신과 일체감을 느낀다는 의미를 함축하고 있다. 이것은 춤 워
크샵에 온 여성들이 내면을 들여다보는 동작 끝에 우는 모습들을 그
녀가 목격하였다는 말로 알 수 있듯이 다수의 참가자 여성들이 춤을
통해 자신의 내면을 들여다보면서 그들의 내적 고통과 직면할 수 있
었던 것이다.16) 사례 1에 의하면 요가를 할 때 이미 자기내면을 들여
다보기 시작했는데, 그것은 의식을 집중시켜 몸이 원래 가지고 있던
자생력이 크는 경험이었다고 한다. 그리고 그녀는 '춤워크샵' 동안
"음악에 맞춰 춤추는 거울 속의 내 모습이 너무 아름다웠다. 키가 작
고 다리가 짧은 데도.…" 그런데 춤은 아무래도 기본 운동량이 요가
보다 많아, 몸 속의 것을 해소하는 느낌도 함께 있었다고 한다.

사례 5는 여성들이 몸에 대해서 콤플렉스가 많다면서 그녀 자신도
콤플렉스가 없는 것이 아니라고 한다. 30대 초반의 그는 유치원의 위

---

15) 자아를 찾아가는 춤워크샵의 참가자는 여성들로만 구성되었다.
16) 필자도 그 현장에서 다수의 참가자들이 눈물을 머금고 있는 모습을 목격하였
다.

탁교사다. 자아찾기를 주제로 하는 2주 춤워크샵 프로그램에 1주째 참여하면서부터 그녀가 자신의 몸의 주체로 변화해 가면서, 동시에 자신의 삶 자체의 주체로 변화되어 가는 조짐을 볼 수 있다:

> 춤을 추면서 슬픔도 만나고, 슬픔도 달래고. 몸이 가볍고 마음이 가벼워졌다. 몸을 움직이다 보니 자신이 생기고, 활력도 생겼다. … 내 표현이 적극적이 되고, 안 하던 말도 하게 되고. 내 몸에 친숙해지고, 나의 실수에 별로 의식하지 않고. 자신에 대해, 외부 에 대해 편안하다. (사례 5)

이 춤워크샵은 사례 5가 타자와의 관계설정을 새롭게 하기 시작했으며, 자기 자신과 화해하는 과정이라고 풀이 할 수 있다.

몸 만들기, 몸 혹사로 총체적 삶에서 자신을 억압하고, 존재가 분열된 탈진의 삶 끝에 외모지상주의에서 눈을 뜨고, 몸 찾기, 내 안의 타자된 나를 다시 찾기. 즉, 몸 억압으로부터 몸의 해방을 추구하고 있음을 포착 할 수 있다.

2) 지구/지역의 맥락성, 성별성, 행위성

지역사회는 지구화에 반응하는 생활의 거점이므로 지역적 맥락에서 지구적인 현상으로서 건강관리활동이 교차되는 방식을 검토할 필요가 있다. 이를 위해 먼저 지구 중심부와 지역사이의 생산, 소비의 연관성을 근원적으로 조망해줄 자본주의 자체의 문제를 잠깐 짚어보고 넘어가자.

지금의 자본주의는 소비가 거의 포화상태에 다다르고 있다. 이미 사람들이 너무 많은 것을 구입해버려 계속 구매를 해야 지속될 수 있는 자본주의의 속성에 제동이 걸리고 있는 것이다. 바로 이런 현실에서 자본주의 사회는 일정한 발전 단계를 거치면 국경을 넘어 세계시장으로 진출하려는 강한 필요성이 생겨나고, 이 때문에 선진자본주의의 자본, 상품, 문화의 세계적 확산과 제3 세계로의 유입을 통해 돌파구를 찾게 된다(유팔무, 1991: 313-314). 이는 자본의 지구화를 통해 지구적 자본주의로 이행해 갈 수밖에 없는 자본주의 전개의 특성을 말해 주는 것이다. 이것이 바로 지구적 중심부에서 판로를 개척하기 위해 시장을 지구화 하고, 세계의 시장을 재개편하여 지구적 시장 확보를 시작한 이유였다(Bello, 1994). 90년대 이래 판매 부진은 이제 여성의 몸을 대상으로 소비하고 구매하도록 지구적 자본이 지구적 이미지를 통해 집중적으로 소비자 여성을 조종하고 있다.

이러한 역사적 흐름을 유념하면서 지구/지역이 맞물린 교차점에서 일어나는 역학을 논의하기 위해서는 첫째, 지구적인 것이 지역에서 구체적인 현상으로 전개되는 현상학적인 특성을 포착하고, 둘째, 구체적인 현상을 역사적, 문화적, 사회적 배경에 조망하여 그것이 어떤 의미를 가지는가를 검토해 볼 필요가 있다. 전자의 현상학적 특성에서는 지구적인 것이 지역에서 경험될 때 발생했을지도 모르는 외연상의 차이 혹은 변형이 부각되고, 후자의 지역적 배경에 대한 조망에서는 지구적인 것이 똑같이 지역에서 수용되더라도 내적으로는 지구 중심부에서 가지는 기제와는 다른 역학이 있다면 그것을 드러내 줄 수 있기 때문이다.

(1) 행위자 여성의 지역 맥락성: 성별 권력관계, 존재의 과대포장

지역은 여성들이 건강관리활동을 수행하는 특정한 문화, 역사, 심리의 차원에 구체적으로 위치지어지는 맥락이다. 지역을 강조하는 여성주의에서는 지구/지역, 문화, 여성의 행위, 성별관계, 계층, 사회구조 등이 단지 상호연관된 것으로서가 아니라, 그것들이 동시에 중층적으로 교차된 지점을 중시한다(DeKoven, 2001: 3). 이때 보편주의적으로 동질화하는 경향의 지구적 여성주의의 한계를 넘어 지역의 다양한 특수성에 대한 인식을 통해서 지역여성의 경험과 행위성이 포착될 수 있다. 이 점에 유의하면서 구체적으로 본 연구의 자료를 살펴보자.

사례 1은 요가를 듣고 있었고, 사례 2, 사례 3은 요가원에 등록하려 하였으나 이미 정원이 차서 다음 기회를 기다리고 있다고 한다.[17] 앞서 소개한 바와 같이 매스컴의 보도 자료에서도 20~30대 젊은 여성들의 요가에 대한 열기를 뒷받침하고 있다. 우리사회에서 여성들에게 가하는 외모에 대한 압박감의 배경에는 몸의 상품화를 만연시키는 소비문화가 상품가치가 높은 자아로 기획하도록 여성의 몸관리 활동을 자극하는 지구적 보편적 현상이 있다. 그렇다 하더라도, 도대체 왜 한국 여성들이 요가를 듣기 위해 예약을 하고 기다리기까지 해야 하는가?

---

17) 최근 헬스장 이용 여성의 연령대는 40대 초반부터 50대가 가장 많다. 에어로빅 교실에는 주부들이 주류를 이루고, 미혼자가 한 명도 없는 경우도 있다고 한다(사례 4).

이 물음에 답하기 전에 먼저 한국이라는 외모지상주의의 사회에서 취업과 혼인에 명세서로 보여줄 수 있는 몸의 상품가치를 높여야 하기에 다이어트에 대한 압박감이 있음을 유념해야 한다. 외모 때문에 불이익을 당하기 때문이다. 헐리우드의 스타들처럼 한국에서도 매스컴을 타는 미모의 연예인들이 요가를 추동하기 때문이기만 한 것이 아닌 것이다. 2002년 미국인으로서 한국을 다녀간 두 명의 젠더 연구자들이 한국 여성의 성형수술 붐이 "기이한 일"이라고 한 사실과, 같은 해 교환학생으로 1년간 서울에 체류했던 미국 여학생이 여대생 기숙사 생활에서 직접 목격한 젊은 여생들의 성형수술과 지나친 다이어트가 미국에서는 상상도 할 수 없는 정도라고 놀라워한 사실이 한국의 현상에 특수한 것이 있음을 보여주는 자료다.

따라서 여성이 외모에 특히 신경을 써야 하는 한국사회 여성의 몸이 갖는 억압적인 특수성을 설명하기 위해서는 한국 사회가 가지고 있는 기존의 권력관계의 구조를 짚고 넘어가야 할 것이다. 필자가 보기엔 "존재의 과대포장"[18]이 한국사회에서 사회적 존재로서 살아가는 사람들의 권력관계가 표출되는 특이한 현상이다.

한국 여성의 외모지상주의의 맥락적 현장에는 남성이 선호하는 이미지에 맞추도록 구성된 가부장적 자본주의와 세계에서 유래가 없는 존재의 과대포장에 대한 압박이 있는 것이다. 한국의 권위주의적 배제와 차별의 사회구조가 가장 극명하게 드러나는 서열화된 "호칭 체계"에서 있다.[19] 우리사회는 신분이 해체되었지만, 차별과 억압의 산

---

18) '과대포장'이라는 용어는 환경운동에서 쓰이기도 하지만, 여기에서는 사회적 권력관계와 위계질서를 극명히 드러내는 행위의 개념으로 쓰고자 한다.

물인 호칭 체계에 의해 실질적인 2인칭이 없이, 사회적 지위를 호칭으로 쓰고 있는 것이다. 이 때문에 세계에서 가장 세분화된 언어의 위계체계를 가진 사회가 되었다. 이 사회에서 남성들은 권위와 권력자로 표상되는 호칭에 극도로 민감해져 가급적이면 자신을 "사장님" 등으로 "과대 포장"하여 내놓고 싶어한다. 이러한 한국의 호칭 체계에서는 권력이 없는 자에 대한 차별과 배제가 이미 그를 지칭하는 것에서부터 시작됨을 의미하는 것이다. "아줌마와 아저씨"는 공적 직함이 없는 무력자다. 그런데 사회적 지위가 없는 아줌마를 포함한 여성에 대한 차별과 배제는 사회직 지위가 없는 남성이 받는 차별에 비해 비교가 안될 정도로 훨씬 더 큰 차별을 받고 있다. 그리고 여성들은 그 차별이 큰 불이익, 즉 여성 존재 자체에 대한 총체적 평가절하와 억압을 가져온다는 사실을 알고 있다. 우리만큼이나 '옷이 날개'인 사회가 지구상에 존재하지 않는다고 필자는 생각한다. 이것은 차별과 배제가 어느 사회보다도 극심하다는 사실을 말해주고, 이로 인한 불이익을 피하려는 대응 전략의 하나가 아닐까 생각한다. 결과적으로 과대포장의 사회구조에다 여성을 외모로 평가하는 우리 사회에서 여성이 자신의 몸을 부정하고 자기가 아닌 다른 것으로 자신을 포장하도록 내몰려 가는 것이다.

첫째, 정보기술의 지구화가 자본을 매개로 한 지구적 문화산업의 한국 유입으로 인해, 그러지 않아도 외모를 지나치게 가꾸던 가부장

---

19) 이것은 가부장제적 성격과도 무관하지는 아닐 것이다. "호칭 체계"에 대한 아이디어는 필자와 최봉영교수와의 대화 중에 시사 받은 것이다.

제적 몸 상품화의 문화에 서구적 X자형의 몸 만들기의 개념까지 들어오면서 한국 여성은 서구적 몸매의 구매자가 되었다. 즉 지구화의 영향, 지역의 가부장적 재현의 몸가꾸기 압박, 지역의 과대포장의 사회구조가 맞물려 여성의 몸이 주권을 가진 자연적인 주체가 아니라 인위적으로 조작해야할 대상으로 몸의 타자화를 한층 더 심화시키고 있는 맥락에서 여성의 건강관리활동이 이루어지고 있다. 지역이 서구적인 이미지를 받아들여 서구보다 더 몸을 억압하는 생명의 젠더화가 진행되고 있는 것이다. 지구의 중심부에서 보다 더 몸이 대상화, 분리되고 있는 현상학적 차이를 보이고 있다. 지구적 영향에 의한 건강관리 행위가 한국적 특수성과 만나 독특한 어떤 현상이 한국에서 일어나고 있음을 보여주고 있다.

둘째, 지구화에 의한 한 양상으로 지구적 기준의 확산을 통해 보편적 시민권의 향상을 주목하는 경향(한국여성연구원, 2002)이 있으나, 지구적 여성시민권의 기준과는 거리가 먼 여성들의 사회적, 공적 영역에서 지위가 주어지지 않는 무력한 상황에 의해 고학력의 전문가 여성과 주부들이 건강관리 활동에라도 몰두하는 모습들이다. 가부장적 가족관계와 생활고로 고통스러운 하층민 여성의 경우는 간단한 몸동작만으로도 몸과 마음이 뚫리는 경험을 가지기도 한다.

셋째, 지구화 시대에 극도로 상품화된 이미지와 가식적인 꾸밈으로부터, 지나친 다이얼과 몸학대로부터 벗어나 자기를 찾아가는 여성들의 해방을 위한 몸짓과 해방의 공간으로서 건강관리 활동을 찾고 있다.

(2) 행위자 여성의 지역 맥락성: 자기찾기 시도에 내재하는 전통문화의 영향

몸억압적 지역의 사회환경에 의해 탈진하게된 끝에, 이제 자신의 몸과 마음을 회복하기 위해 요가나 전통호흡수련, 명상, 찜질방으로 몰리는 여성들도 있다. 이들에게 있어서 요가는 최근 정보의 지구화가 가지는 미국의 요가 열기 영향력 외에 "인도 요가가 우리와 무엇인가 맞는 것이 있는 것 같다. 그것이 철학이든, 의식이든지 간에"(사례 9)라는 의미가 있다. 그리고 한국에서 유행하는 요가가 반드시 인도 요가의 철학을 따르는 것이 아닌 보편적인 성격을 가진다는 '몸살리기' 수련 지도자 황정현의 관찰을 종합해 볼 때, 한국의 수련전통이 내적 변화와 호흡에 중점을 두는 점과 요가가 토대를 공유하기 때문으로 보인다. 또한 한국 여성은 건강에서 몸과 마음의 조화를 중시하는[20] 점이 본 연구의 조사에서 드러난 바와 같이 이미 우리의 의식의 바다 속에 잠재하는 전통에 맞아떨어진 것이다. 이런 특질과 맥이 우리사회 "지역"에 있기에 헐리우드의 요가가 에어로빅의 경우와 달리 "지역"에서 열풍을 일으키는 것이다.

---

[20] 건강의 의미
  사례 2: "정신, 신체적으로 평온한 상태, 특별한 불편한 것이 없는 상태."
  사례 4: "건강이란 생활하는 데 지장이 없고 마음이 건강해야 한다."
  사례 8: "신체적인 것도 있지만, 몸과 마음의 상호연관성을 회복하는 것."
  사례 9: "건강이 좋지만, 마음을 편안히 해주는 것이 좋다."
  사례 13: "정신이 맑게 깨어 있는 것."
  사례 17: "건강이 마음에서 온다. 내 마음에 기쁨이 있으면, 육체적으로 힘든 것을 느끼지 않는다."
  사례 19: "육체적 건강보다 정신적 건강이 더 중요하다. 그런데 육체적 건강이 기반이 되어 주지 않으면 정신적 건강도 약해진다."

5. 결론

이 연구의 자료에 의하면, 여성들은 가족관계, 사회와의 관계에서 충족되지 않은 여성의 내적 욕구를 푸는 방법으로서 해방의 공간을 찾아서, 우울·좌절의 극복을 위해, 상처의 치유를 위해, 몸억압으로 인한 만성적 탈진으로부터 탈출을 시도하며 건강관리활동에 몰두하고 있다. 그러면 여성의 건강관리활동이라는 본 연구의 주제에서 지구/지역이 어떠한 방식으로 접목되고 있는가? 분석 결과는 두 가지 주요한 얼개에 의해 설명될 수 있다.

첫째는 여성의 건강이 대상화, 상품화되는 지구 중심부의 가부장제와 지역의 가부장제 사이의 역학과, 그것이 토대를 두고 있는 지역의 사회구조에 초점을 맞추면서 성별관계를 파악할 것(여기에 해당하는 것으로는 지구적 가부장적 이미지가 "존재의 과대포장"과 같은 지역 사회구조와 가지는 친화력)을 말하고 있다.

지구화 시대에 지역은 긍정적 방향으로든 부정적 방향으로든 "한 사람의 행위가 협상하는 곳"(Friedman, 2001: 22)인 것이다. 이 선상에서 지역의 특징적인 사회적 맥락이 중요하다. 우리에게는 다른 어느 사회와 마찬가지로 보드리야르(Baudrillard, 1986)가 말하는 "구별짓기"가 존재하는데, 그 강도가 어느 다른 지역보다도 높은 호칭의 호칭 체계가 우리사회에 있다. 직업과 직급의 호명으로 형성되는 사회적 배제와 차별의 구조인 것이다. 이로써 소비사회의 차별화 동기가 한국의 지역문화의 특수성 맥락에서 강화되는 측면이 있다. 몸 억압 끝에(혹은 몸을 다스려야한다는 지나친 압박감 끝에) 젊은 여성들이 만성적 탈진에 시달리고 있고, 이제 몸의 왜곡이 한계에 온 징표로서 많은 젊은 여성이 "몹시" 아프다고 말하고 있으며, 이들이 '몸 살리기'에 나서고 있는 것이다. 즉 차별적인 강력한 가부장적 위계질서에서 여성들은 외양에 의해서까지 차별받지 않으려는 대응전략으로 외모의 과대포장이 있게 된다. 이러한 성차별적 유산과 호칭 체계에서 보이는 엄격한 배제와 차별의 사회구조가 여성의 몸을 상품화하는 가부장적 자본주의와 서구적 미의 기준 유입이 힘께 교치하면서 여성의 몸을 억압하는 "성형공화국" 사회로 만들고 있다. 이것이 우리 사회의 존재의 과대포장 관행에 편승할 수밖에 없게된 여성들의 외모지상주의의 지역 맥락의 특수성으로 지적될 수 있다.[21] 즉 지구적인 것과 지역적인 것 사이의 선택적 친화력[22]이 지역 여성의 몸에서 작용하고 있다.

두 번째 얼개의 내용은 지구적인 현상으로서 여성들의 건강관리활

---

21) 지역성(locality)은 사회적 직접성에 대한 감각, 상호활동성을 위한 기술, 그리고 컨텍스트의 관련성 사이의 일련의 연결고리들로 구성되는 복합적인 현상학적 특질"이라는 개념화와, 이것은 관계적이고 맥락적이라는 특징을 가진다는 아파두라이(Appadurai, 1998: 178)의 입장은 필자의 분석을 지지해준다.

22) "선택적 친화력"은 Max Weber(1920)가 『프로테스탄티즘 윤리와 자본주의 정신』에서 두 가지의 개념이 만나는 역사적 역학, 즉 상호흡인력을 가진 사회적 요인의 상관성을 지칭하는 개념이다. 원래 선택적 친화력은 지구/지역의 역학을 말하는 용어가 아니다. 많은 요인들 가운데 역사의 전개 과정에서 선택적으로 어떤 개념들 사이에 우호적으로 고리가 맺어지는 사회심리적 현상을 지칭하는데, 이 개념이 여성의 건강관리 현상을 설명하는데 유용하기에 차용하였다.

동들이 지역의 어떠한 특정한 문화적 맥락 속에서 수행되는가를 파악할 것(지구적 의식이 지역의 문화구조와 가지는 친화력)을 말하고 있다. 분석결과에 의하면 건강을 회복시키고 몸을 가꾸려는 지구적 의식과 활동이 지역적인 문화와 접목되었을 때 쉽게 수용되고 있음을 보여주고 있는 것이다. 여기에는 지역적인 특성을 지닌 찜질방, 전통호흡수련 등의 건강관련 활동이 주축을 이룬다. 지구적 자본과 지구적 외모 추구, 그리고 그에 반응하고, 대응하는 방식에서 지역의 문화와 선택적 친화성이 있는 것으로 정리 할 수 있다.

그러면 자료 분석 결과가 여성주의적 지구/지역 이론에 주는 함의, 즉 지역성, 행위성, 성별성에 주는 시사성은 무엇인가? 다른 말로 해서 여성의 건강관리활동의 지구/지역 관계, 여성의 건강관리활동 관련 지역적 맥락에 대한 자료의 분석 결과를 어떻게 의미화할 것인가? 첫째, 지구화의 현상은 다양한 요인들의 복합적 교직이라는 점에서 아파두라이가 말하는 다양한 사회적 차원, 즉 민족, 매체, 이데올로기, 금융, 기술 양상에서의 분절 개념과는 상이하고, 지역에 행위의 주체성 문제가 함축되고 있다는 점에서 그와 다르다. 또한 지구/지역 문화 사이의 동등한 결합을 상정하는 로버트슨의 지구지역화(golcalization)와도 차이가 난다.

지구적인 것을 수용하기만 하는 동질화의 현상에 주목하는 것은 지역의 다양한 주체들의 주체적 행위성을 간과하는 것이다. 그렇다고 해서 필자가 지구적인 것과 지역사이에 대등한 권력관계나 대등한 경제관계를 가진다고 말하려는 것은 아니다. 여성은 단순히 사회적 희생자이기만 한 것도 아니고, 역경 앞에 목놓아 울고만 있기보다는 헤쳐 나가는 행위의 주체이기도 하다. 또한 사회는 무수한 요인들이 경쟁을 하듯 서로 영향을 미치고 있다. 이 복합적 요인들의 경합 속에서 본 연구는 한국의 사회적·문화적 배경이 지구/지역 관계에서 주요 매개요인으로서 작용하는 것을 볼 수 있었기 때문에 지구적 단순 동질화 현상으로만 분석될 수 없다는 점에 주목한다.

정리하자면 한국 여성의 건강관리활동의 경우, 지구지역화는 로버트슨의 단순히 대등한 문화사이의 역학에 편향하는 접근보다는 여성의 경험을 위치지우는 다양한 요소의 복합적 맥락과 긴밀히 연관되어 있다. 즉, ① 지구적 자본과 지역의 자본의 조건, ② 지역의 사회구조적인 가부장제의 조건, ③ 지역의 문화적 조건, ④ 지구적 의식의 유입에 의해 다층적으로 전개되고 있다.

둘째, 지역 여성의 행위성 형성에 지구적 시장과 자본의 논리와, 지구적 의식 수준의 가치관 가운데 하나만이 영향을 주는 것이 아니라, 대부분의 여성들에게는 이 둘이 지역의 사회·문화의 구조 내에서 복합적으로 작용하고 있다는 점이다. 그것을 반증하는 자료로는 에어로빅이 운동효과를 가지지만 2000년대로 들어서기 이전 젊은이 사이에 그런 열풍을 일으키지 않았다는 사실과, 젊은 여성의 위험 수위에 달한 건강 문제, 지구적인 것이 지역의 기존 맥락과 맞아떨어지는 친화력, 자본과 지구적 기준의 사회의식이라는 두 가지 차원이 맞물린 정체성이 요즘 젊은이들 사이에 일고 있는 요가 수련의 열풍을 설명하는데 유용한 개념이라고 생각한다.

그런데 지구화 논의에서 한편의 학자들은 지구화가 지구적 시장의 자유화와 자본의 매개를 정점으로 하는 사회적 현상을 일으키는 것으로 상정하는 논자들이 있다. 다른 한편의 학자들은 지구화가 지구적·보편적 기준을 제 3세계에 들여와 그 사회 성원, 구체적으로 우리의 관심사인 여성의 의식 수준을 높이고, 따라서 삶의 질을 향상시키는 사회변동의 추동력을 가진다고 주장하는 논자들이다. 필자는 이 두 가지 주장뿐만 아니라 제 3의 주장도 가능함을 강조하고자 한다. 본 연구의 결과에 의하면, 기존의 두 가지 상반된 주장의 경험적 현상들은 현실에서 함께 교직되어 여성 의식에 영향을 줄뿐만 아니라 여성의 자기관리와 자기정체성의 확립과 유지에도 중층적인 영향을 주고 있는 것으로 드러나고 있다.

즉 한국의 전통문화와 지구적 자본이 매개하는 헐리우드 스타의 판타지 등과 어우러져 여성들의 정체성에 지구화에 의한 지구적 욕망의 형성과 지구적 기준의 높은 건강관리 의식이라는 양면적인 성격이 복합적으로 영향을 미치는 것이다. 이는 다양한 문화산업 상품으로 자극된 지구적 이미지 욕구의 증대가 몸과 건강관련 소비문화의 증대로 이어져 역설적으로 이제 내면을 들여다보고 몸과 마음의 에너지의 결에 조화를 이루겠다는 계기를 가졌다. 지역에서 한국 여성의 건강관리활동은 지구적 건강관리문화에 대한 무작정 동질화보다는 지역의 사회구조, 가부장제, 지역의 시공간의 감각이 자본을 매개로 하는 지구화에 반응, 대응, 특수성의 반영이 여성 건강의 젠더화를 더 악화시키는 측면과 정체성의 복합적인 변화에 의해 양의적이면서도 성주체적 건강관리활동 문화 형성의 가능성 및 실천에 기여하는 측면이 교직되어 통합적으로 나타나고 있는 것이다. 즉, 지구적 자본의 논리와 지구적 의식 수준의 향상이라는 두 가지 이질적인 다른 차원이 현실적으로는 맞물려 지역 여성의 건강관리활동 관련 "행위성"을 복합적으로 형성하고 있다.[23]

6. 정책적 제안

여성주의자들은 건강관련 공공정책에 여성 자신의 목소리가 반영되어야 한다는 점을 강조하고 있다. 그런데 여성의 건강관련활동을 위한 정책은 한 국가의 여성복지의 이념적 성격에 크게 좌우된다. 바로 이점에서 여성의 건강관리활동을 대부분 시장에 의존하는 자유주의적 사회제도에서 여성이 주권을 회복하고 생명의 주체가 되기에는 한계가 있다. 이러한 한계를 인식하면서 사회는 변동의 과정에 있다는 사실에 힘입어 우리 사회가 여성건강을 위해 마련해야할 프로그램과 정책의 방향을 제안하고자 한다.

김경희(2002: 5)는 성인지적 정책 모색에서 커리(Currie, 1999)[24]의 젠더 분석사다리(analytical ladder)라는 개념, 즉 여성의 일상적인 삶의 경험을 이슈화하기, 찾아낸 여성이슈에 이름 붙이기, 여성문제를 사회문화적 요인들을 찾아내기, 사회문화적 요인들과 여성문제와의 상

---

23) Hess(2001)는 국가 경계를 횡단하는 여성들의 새로운 정체성을 포착하였다. 그러나, Hess는 이 정체성이 형성되는 지구/지역 사이에 물질성과 권력관계가 여전히 중요한 요인으로서 유효함을 간과하였다.
24) Currie, Lorrain(1999) *A Gender Approach to the Advancement of Women: Handout and Notes for Gender Workshops*, UNIFEM East and South East Asia, Bangkok.

호관계 분석, 페미니스트 철학에 근거한 지식 형성을 중시한다. 이 정책 모색의 기본 입장을 우리의 연구 주제에 연결하여 보면 다음과 같이 압축될 수 있다.

지금까지 연구 결과에 의하면, 능력 있는 여성들에게 사회적 지위가 없거나 정규직에 종사하지 못하는 엄청난 스트레스로 다가오고, 여성들은 수련과 운동을 통해 자신의 노동력을 향상시키고 마음을 다스려 건강을 유지하기 위해 노력하고 있다. 다른 한편, 여성들은 집을 벗어난 자기만의 해방 공간에서 가장 개인적인 방법으로 몸과 소통하거나, 자아를 찾아가는 춤과 명상의 몸짓 등을 통해 몸과 관계를 맺고 자신을 표현하고 치유하면서, 자기를 찾아간다. 요가, 헬스, 에어로빅은 가시적 현란함에도 불구하고, 외모지상주의에 맞추다가 찾아간 여성이 자기 몸의 주체가 되지 못한다는 점에서 여성의 또 다른 타자화가 될 수도 있다. 연구 자료에 의하면, 여성들이 자기 몸에 대해서 자본이 매개된 매스컴이 전해주는 것을 중심으로 받아들이고 있다가 이제 겨우 몸의 소리에 귀를 기울이기 시작하고 있음을 볼 수 있었다. 그러나 이 다양한 건강관리활동들은 개인적인 차원에 머문다는 점에서 여성의 욕구, 소비, 몸관리 문화 자체에 창조적 변화가 필요하다. 사회적 역할로 이어지는 건강관리활동의 주체, 건강 관련 소비의 주체, 관련 정책의 주체로서 참여하여, 생명의 젠더화를 변화시키는 데 여성이 행위의 주체가 될 필요가 있다.

한국 여성의 경우는 미국의 경우와 달리 건강에서 마음과 심리적인 것을 아주 중시하는데, 이 차이는 앞으로 한국사회에서 정책프로그램의 개발을 위해 고려해야 할 부분이다. 즉 건강관리활동 지원 정책에서 외적인 몸뿐만 아니라 안에 있는 것을 찾거나 조화를 회복하고 치유적인 프로그램에 비중을 두고 지원해야 할 것임을 이 연구가 말해주고 있다. 이러한 점들에 유의하면서 구체적인 정책적 제안은 다음과 같다.

① 지방자치 단체의 공간 지원이 필요하다

현실적으로 여성의 역할은 가사노동과 자녀양육을 책임지고 있고, 노인과 환자, 장애인을 보살피고 있다. 따라서 여성들은 집과 가까운 곳에 부담 없이 다닐 수 있는 공간이 필요하다. 이를 위해 지역마나 작지만 아담하고 생명적인 지역프로그램 운영 장소가 마련되어야 할 것이다. 어둡고 지저분한 시멘트 덩어리 건물, 그리고 곰팡이가 지나치게 많이 서식하고 있는 지하 공간의 건강치 못한 환경에서 프로그램이 운영되는 현실이 관찰되었다. 이러한 문제는 높은 공간 임대료에 기인하기 때문에 지방자치 단체가 공간을 지원할 필요가 있다.

② 치유적 프로그램의 포함이 요청되고 있다

한국 여성의 경험의 특수성에 근거하여 건강관리활동 프로그램을 좀더 전문화된 프로그램으로 재구성 할 것을 시사하고 있다. 즉 이혼과 자녀문제, 경제적 주체로서 자립이 불가능한 비정규직이거나, "시간제 아르바이트"로는 자립할 수 없는 심리적 불안, 사회경제적 문제로 여성들의 상처가 심한 것이 연구결과로 나타났다. 단순한 근력강화 운동보다는 치유를 함께 할 수 있는 통합적이고, 생명적 감수성을 회복시키는 프로그램들을 개발하고 보급하는데 지방자치단체가 지원

할 필요가 있다.

③ 기층민의 여성들이 건강관리활동과 함께 가족문제와 생활문제를 상담할 수 있는 통합적 프로그램을 지방자치단체가 개발하고 지원할 필요가 있다. 특별프로그램을 개발하여 그들이 사회복지대상으로만 다루어 질 것이 아니라, 상담을 통해 여성이 직면한 문제들과 건강관리활동에서 스스로 주체가 되도록 지원 할 필요가 있다.

④ 중고등학교와 고등교육기관에서는 여성의 몸과 건강에 대한 학제간 통합적 프로그램을 필수이수 과목으로 하여 몸의 억압에서 벗어나도록 미리 교육할 필요가 있다. 여성들의 몸을 대상화하고 상업화하는 자본에 의해 몸과 건강관리활동의 왜곡이 심각하기 때문에 각 교육단계에서 건강관리 관련 교육이 필요하다.

⑤ 중고등학생과 대학생을 위한 건강교육에 전통적인 한국의 수련을 포함시키고, 몸과 마음의 조화를 이루도록 지도할 필요가 있다.

⑥ 여성이 80~90%를 차지하는 수련 등 대안적인 건강관리 프로그램은 질병 예방적인 효과가 있으므로 어떤 형식으로 든 국가가 여성들의 이러한 활동을 사회복지 차원에서 지원하는 방안이 모색되어야 할 것이다.

제 5 장

제도화된 모성 경험과 변화의 방향
: '지역성 부재' 의 변화를 중심으로

김정희

1. 서론

1) 문제제기

지역성의 창출은 신자유주의적 지구화의 결과로 야기된 생활 세계의 복합적인 위기에 대한 대안의 하나로 제시되고 있다. 지구/지역의 절합적(articulated)인 통합성에 대한 일련의 연구들(A. Cvetkovich & D. Kellner, 1997; R.Robertson, 1995)에서 분명히 지적되고 있듯이 더 이상 분리된 변수로서의 지구적인 것과 지역적인 것은 존재하지 않으며 존재하는 것은 지구지역성(glocality)이다. 즉 지역은 지구화의 영향이 광범위하게 작용하고 있는 동시에 지역적인 것들도 지구적인 맥락과 절합(articulation)하면서 작용하고 있는 현장이기도 하다. 따라서 지역성의 창출이 대안으로 제시되는 것은 바로 이러한 맥락에서이다.

가타리(Guattari, 1989)는 생태 위기 시대의 새로운 문제 설정은 주체의 다양화, 탈중심화에 따른 분자적 파열선들을 횡단하는 색다른 문제 설정이며, 이는 곧 새로운 역사적 맥락에서 인간 실존의 생산이라는 문제 설정이라고 말한다. 혁신적인 실천은 새로운 주체성의 생산 없이 이루어질 수 없기 때문에 대안적인 지역성 창조의 조건은 신자본주의 체제에 포섭되지 않은 새로운 주체성을 전제한다.

한편 생태주의자와 생태여성주의자들에게서 관찰되는 지역성은 지역자치·주민자치적 생활양식, 주민들 간의 공유 재산을 공동 관리하는 공적 시스템, 주민의 재정권·행정권 확립을 포함하는 참여 민주주의, 양성 평등적인 지역 주체의 형성, 자발적 참여에 대한 보상체계의 다섯 가지 구성 요소로 구성된다(김정희, 2002:220-222). 여기서도 주체성은 지역성의 한 구성요소가 되고 있다. 이 연구에서 보고자 하는 모성은 지역성의 이 다섯 가지 구성 요소 중 양성평등적인 지역 주체의 형성과 관계된다. 성별분업 질서에 고착된 사적 모성은 양성 평등적인 지역 주체로 나아가지 못하게 하는 결정적인 걸림돌이 되기 때문이다. 따라서 이 연구에서는 이같이 지역성의 구성 요소로서의 주체성이라는 맥락 속에서 주체성의 한 형태로서 제도화된 모성 경험과 그것의 변화 방향을 연구하고자 한다.

2) 이론적 배경: 제도화된 모성에서 지역성의 기초로서의 탈 가부장적 모성으로

여성이 다른 사회적 활동으로부터 단절되어 유년기 아이의 성장에만 전념할 것을 요구하는 핵가족 하의 사적 모성은 자본주의 사회에 들어와 도시화와 핵가족화가 일어나면서 형성되었다. 이러한 모성은 수백 만 년의 인류 전체 역사와 인류 전체의 경험에서 보면 불과 1~2세기 전에 생겨난 매우 이질적인 제도라 할 수 있다. 피임의 일반화로 모유 수유 기간이 획기적으로 단축되는 단계에 와서 오히려 여성은 종족 보전에만 전념하라는 핵가족 문화가 발생한 것이다. 이것은 자본주의적 방식으로 성별분업이 재편되는 과정의 필연적인 결과였다. 따라서 서구 여성주의는 자본주의 하에서 여성억압은 가족 내 모성 역할의 전담이라는 성별분업에 기초한다고 비판하면서 성별분업의 정당성에 의문을 제기하였다. 그러나 이후 서구 여성주의의 모성 논의는 '모성의 비판=모성 거부', '모성의 찬양=모성 수용'이라는 논쟁을 되풀이하는 한계를 보여주다가(윤택림, 2001: 184) 가부장적 모성을 비판하면서도 모성 자체를 부정하지는 않는 모성에 대한 통합적인 연구들이 나타나기 시작한다. 리치(Rich, 1976)는 많은 여성들에게 힘과 가치의 원천인 개인적 체험으로서의 모성과 제도로서의 모성을 구분하였다. 그녀에 의하면 여성을 억압하는 것은 가부장제가 만든 모성이라는 제도였다. 가부장제 하에서는 모성은 강제노동이다. 어머니 일을 하는 것은 여성임에도 불구하고 언제 아이를 낳고, 어떻게 길러야 하는가를 결정하는 것은 가부장제라는 제도를 유지시켜 가는 남성이기 때문이다. 즉 제도화된 모성은 남성 지배를 낳고 여성을 억압해 가는 과정의 근본에 있다.

루딕(Ruddick, 1991) 역시 가부장제하의 어머니는 자긍심의 결여로 가부장제에 귀속되지 않는 '어머니 사고'를 심화하고 명료화하지 못하고 있음을 지적하면서도 '어머니 사고'의 관찰이 불가능한 것은 아니라고 보았다. 그녀는 '어머니 사고'의 특징을 자녀의 생명 보존에 대한 관심, 자녀의 성장을 촉진하는 관심, 사회적, 개인적으로 수용 가능한 자녀로 키우려는 관심, 배려 깊은 사랑의 능력의 네 가지로 설명한다. 그러면서 그녀는 이런 '어머니 사고'가 자본주의 하에서도 관찰될 수 있다는 것은 기적이라고 말한다.

한편 한국에서 모성에 대한 연구들은 사적 모성의 억압성이라는 서구 여성주의 담론을 수용하면서 핵가족 속에서 홀로 육아를 부담하면서 모성 이데올로기를 수용하고 있음을 보여주는 경험 연구(김지혜, 1995; 변혜정, 1992; 신경아, 1999; 심영희, 1999)와 취업주부의 모성 역할과 일의 양립에 대한 어려움에 대한 경험 연구(김혜경·신현옥, 1990; 김미하, 1991)를 중심으로 행해졌다. 한편 연구자는 다른 연구에서 한국의 제도화된 모성을 맹모 상징으로 표현하고, 우리 사회의 어머니들을 맹모로 모는 구조적 배경을 분석한 바 있다(김정희, 1998: 64-70). 맹자 어머니의 맹모(孟母)신화가 웅변적으로 말해주듯 '맹모 상징'은 자식의 성공 여부는 어머니 하기 나름이라는 의식과 자식을 세속적으로 성공시키는 것을 어머니 개인 여성의 가장 중요한 일로 내면화하는 집단적인 문화적 이미지를 일컫는다(김정희, 1998: 64).

어머니의 개인적 성숙과 사회적 삶에 생산적으로 작용하고 있는 사회 활동—취업노동이나 단체 자원 활동—을 하는 어머니들의 모성에 대한 연구(신경아, 1999; 윤택림, 2001: 145-56)와 맞벌이 부부가 함께 창출해내고 있는 공동육아의 모성, 부성(김정희, 1997:232-36)

에 대한 주목, 핵가족에 갇힌 사적 모성을 벗어난 품앗이 공동육아와 품앗이 방과후를 운영하는 어머니들의 모성(김정희, 2000; 이경아, 2000)에 대한 연구 등도 나타나고 있다. 이러한 연구들에서 보이는 모성은 탈제도화된 모성, 즉 탈가부장적 모성의 새로운 경향이다.

이러한 탈가부장적 모성은 플랜트(Plant)가 생태여성주의 철학이 자신의 잠재력을 실현할 수 있는 틀로 정의한 생물지역주의(bioregionalism)나 시바와 미즈(Vandana Shiva & Maria Mies)가 상품 생산 사회의 대안으로 언급하고 있는 '자급적 관점=생존적 관점'의 토대가 된다. 생물지역주의는 장소를 이미 정해져 있는 우리의 기호에 맞추는 것이 아니라 우리 자신을 특정의 장소에 적응시키는 것이며 토박이가 되는 것을 배우는 것을 의미한다. 진화론적 견지에서 인간이 종으로 존속 가능한 문화를 추구하고자 하는 것이다(Plant, 1990: 158-159). 자급적 관점도 비슷하게 사회활동의 목표를 익명의 시장에 산더미 같은 상품과 화폐(임금 혹은 이윤)를 점점 더 많이 만들어내는 데 두지 않고 생명의 창조에 둔다. 그리고 이러한 변화는 남녀관계의 변화를 수반하는 인간 간의 그리고 인간과 자연 간의 비착취적인 관계의 네트워크에서만 실현될 수 있다고 본다. 따라서 자급적 관점은 참여 민주주의 혹은 풀뿌리 민주주의에 토대를 두며 또한 그것을 고무한다(Shiva & Mies, 2000: 381-392).

이미 우리 여성운동권은 21세기 여성정치의 유력한 대안의 하나로 생활정치의 필요성을 지적하고 이에 주목하고 있다(이영자, 1998; 한국여성연구원, 2001; 여성정치세력민주연대, 2001). 생활정치는 무엇보다도 지역에 뿌리를 둔 주민자치이며, 지역에서 하루를 온전하게 보내는 주부가 그 주체가 될 수밖에 없다. 여성이 지역의 풀뿌리 정치에 참여한다는 것은 21세기 지방분권 시대, 주민자치 시대라는 새로운 국면에 주체적으로 참여함으로써 새로운 시대의 양성 평등 문화를 열어간다는 의의가 있다. 지역 풀뿌리 생활 정치를 여성이 주도한다는 것은 종래의 여성은 가정, 남자는 일과 같은 가부장적 성별분업의 구도와는 다른 의미를 갖는다. 이것은 종래의 가정 내 살림의 문제를 지역으로 끌고 들어오게 되지만, 이때 살림은 더 이상 사적 살림이 아닌 공공성을 획득한 지역 경영이 된다. 여성이 지역 경영의 주체가 된다는 것은 그 자체가 사적 주부를 초월하는 것일 뿐만 아니라 지역을 넘어서는 더 넓은 단위의 사회와 관계를 맺어가는 기반이 된다.

문제는 이러한 변화가 가부장적인 신자유주의적 한국 사회와 하나로 통합되어 있는 맹모 상징에 균열을 일으키지 않고는 탈(脫) 가부장적 주체성으로서 새로운 어머니 집단을 기대하기 어렵다는 데 있다. 바로 이러한 맥락에서 주부를 지역의 공적 주체로 서게 하는 데 결정적 걸림돌이 되고 있는 제도화된 모성에 대한 고찰과 대안 모색은 21세기 여성주의 정치가 포괄해야 하는 과제이다.

3) 연구내용과 연구방법

이러한 문제의식에서 본 연구는 구체적으로 다음의 두 가지를 연구하고자 한다. 첫째로 3장에서는 학교 체제에 대한 경험 연구를 통해 맹모의 존재 구조를 미시적으로 살펴봄으로써 현재 한국 사회의

제도화된 모성의 작동 방식을 살펴보고자 한다. 이론적 배경에서 살펴보았듯이 모성의 억압성에 대한 기존 연구는 주로 육아기의 모성을 중심으로 행해졌다. 교육을 중심으로 하는 제도화된 모성의 수행에 대한 연구들은 사교육을 뒷바라지하는 모성의 관찰에 머물렀을 뿐, 학교 체제에까지 깊숙이 개입해 있는 제도화된 모성의 모습에는 관찰의 시선을 보내지 못했다(윤택림, 2001; 심영희, 2000). 그러나 본 연구는 학교 체제와 사교육의 가교 역할을 하는 제도화된 모성의 역할을 매우 구체적으로 관찰해 들어감으로써 양쪽을 받쳐주고 있는 버팀목으로서의 한국의 제도화된 모성의 모습을 드러내고자 보이고자 한다. 앙리 르페브르(Henri Lefebvre)가 지적하고 있듯이 일상성은 권력이 영향력을 행사하며 근거를 두고 있는 광범위한 토대이다 (1990: 96-97). 본 연구는 제도화된 모성에 대한 미시적 연구를 통해 가부장제 권력의 광범위한 토대는 물론, 이 체제의 적극적 공모자로서의 어머니의 모습 또한 드러내 보여줄 것이다.

둘째로 3장의 연구를 바탕으로 4장에서는 제도화된 모성에 균열을 낼 수 있는 전략을 연구하고자 한다. 이때 본고에서의 변화 전략은 폭넓은 의미에서의 공공정책적 전략의 의미를 지닌다. 일반적으로 정책은 정부나 지자체 등 정치단체가 취하는 방향을 가리킨다. 그러나 오늘날 공공정책은 국가의 정책 외에도 정책의 내용과 성질이 공공적이라면 정당을 비롯하여 노동조합이나 경영자 단체나 사회단체의 정책, 심지어 개인의 정책까지도 공공정책으로 이해한다. 4장은 맹모 상징의 지형을 새로운 지역성 창조의 조건으로 바꿀 수 있다면, 그 조건들은 어떤 것인가를 국가보다는 교육계와 여성운동계의 위치에서 공공적 관심에 바탕하여 탐색해보고 있는데, 바로 이런 점에서 4장은 공공정책적 관심의 배경 하에서 진행된다고 할 수 있다. 그리고 이 장의 논의는 3장에서 미시적으로 살펴 본 제도화된 모성의 제 양상을 모성의 존재구조로 재분석하여 분석의 거시적 전망을 마련한 토대 위에서 진행된다.

연구자는 이 연구를 위해 문헌연구와 심층면접 외에도 적극적인 참여관찰의 방법을 선택하였다. 연구자의 첫 아이가 다니는 중학교 명예교사회 회장직을 맡았고, 이를 계기로 나중에는 급식위원회 소위 장을 맡았다. 또한 2002년 3월에서 2004년 2월까지 2년 동안 초등학교 운영위원을 하였고, 2002년 1년 동안 '우면산을 사랑하는 모임'에 격주나 월 1회 참여를 하였다. 또한 연구자가 6년 가까이 한 지역에서 살면서 알게 된 공동육아 부모들과 주민들과의 자연스러운 교제도 참여관찰의 소재가 되었다. 연구자는 주민으로서의 모든 경험을 참여관찰의 소재로 삼았으며, 이는 종종 일회적인 심층면접보다 훨씬 더 지역성을 풍부하게 관찰할 수 있게 해주는 기회가 되었다. 특히 어머니들의 수다는 지역의 일상문화를 잘 관찰할 수 있는 더할 나위 없는 소재였다. 르페브르(1990)는 일상을 이해하고 일상성 이론을 고찰하기 위한 선행조건들을 "우선 일상 속에서 살며 일상을 체험할 것, 둘째로 그것을 수락하지 말고 비판적 거리를 유지할 것 등이다"라고 말하고 있다. 연구자가 택한 참여관찰의 방식들은 비판적 거리를 유지하며 일상 체험하기, 바로 그것이었다. 참여관찰에서 만난 어머니들은 40여명이 되는데 인터뷰 목적이 아닌 일상적 만남이었고,

따라서 이들과의 대화 중 연구 내용과 관련되는 내용이 언급되면, 그 자리에서 또는 헤어진 직후 수첩에 나눈 대화나 내용을 메모하는 식으로 정리하였다. 이 자료를 포함한 참여관찰은 이 글에서는 사례22로 소개되는데, 직접 인용이 필요한 경우를 제외하고는 일일이 '사례22'로 주를 달지는 않았다.

<표 1> 피면접자의 특징

	나이 (출생연도)	교육 정도	가족관계	생애 경력, 취업경력	면접 일
사례1	26(1977)	대졸	·	3개월 인턴->2000년 6월 입사	3. 13 5. 16
사례2	36(1967)	대졸	·	복지관 과장, 11년째 복지 업무	3. 20
사례3	39(1964)	부장	·	복지관 부장, 14년째	3. 20
사례4	38(1965)	어머니	초3(아들), 5(딸), 중3(딸)	23살에 혼인, 지역복지관 봉사	3. 27
사례5	45	중졸	고 1 아들, 남편(장애 2급)	실업, 기초생활수급자	4. 3
사례6	50	중 중퇴	대1딸, 장애(고2) 딸, 장애인 남편	미용사 경력, 기초생활수급자	4. 10
사례7	40대중반	대졸	·	생태보전시민모임 사무국장	5. 1
사례8	43	고졸	초6딸, 장애 남편 (대졸)	옷가게, 기초생활수급자	5. 8
사례9	34세	대학원졸	4세/6세 아들, 검사 남편	대학강사	5. 8
사례10	43세	고졸	고1아들(실업계), 남편과 별거	기초생활수급자	5. 15
사례11	48세	한의대졸	중3/중1 아들	한의사	5. 22
사례12	35세	대졸	5, 7, 초2년(9세) 아이들	전업주부	5. 31, 6. 19
사례13	26세	대졸	미혼	생활체육지도자	6. 5
사례14	41세	대졸	초5, 중1딸	전업주부, 단체 활동	6. 12
사례15	31세	대졸 남	미혼	환경운동연합서초강남지부	6. 15
사례16	48세	대졸	고3 딸, 대 아들	자원활동 주부	6. 19
사례17	42세	대졸	초등5, 중1딸	주부	6. 24
사례18	53세	중졸	미혼 아들, 혼인한 딸	주공아파트 부녀회장	6. 24
사례19	63세	고졸	대졸이고 미혼 자식 4명	서초 녹색가게 부회장	6. 26
사례20	26세	대졸	자녀 아직 없음	피아노 강사	7. 3, 7. 11
사례21	30대	대졸 주부들6명	유년, 초년 자녀들	우면산을 사랑하는 모임 회원들 (참여관찰)	7. 10
사례22	ㄱ중학교 명예교사, ○초등학교 운영위원, 주민으로 초등학교, 중학교, 지역 문화 참여관찰(2002. 2~2002. 8)				

2. 제도화된 모성의 수행 : 학교 체제와 사교육의 가교자로서의 어머니

오늘날의 학교는 생활교육과 학습, 모든 측면에서 제 기능을 발휘하지 못하고 있고, 이런 면에서 학교는 내용적으로 붕괴되었다고 말할 수 있다(김정희, 2001: 37-41; 전국교직원노동조합참교육실천위원회, 1999). 그럼에도 불구하고 학교가 유지되는 것은 학력 인정 기관으로서의 독점적 지위에서 비롯된다. 학생들은 사교육에서 제대로 닦은, 또는 투자만 하고 별로 닦지 못한 실력을 학교의 시험에서 검증받을 뿐이다. 사회적 기여라는 측면에서는 순 기능성을 상실한 학교가 제도로서 유지되는 데에는 이 같은 사교육의 보충적인 역할과 학교와 사교육의 공존 관계를 이어주는 고리가 되고 있는 어머니들의 역할이 있다. 어머니들은 학급대표, 녹색어머니회, 도서위원, 체육발전회, 운영위원회, 어머니회 등등의 다양한 방식으로 학교체제에 참여하고 있다. 물심양면으로 이루어지는 어머니들의 참여 없이는 현재의 학교 유지는 불가능하다 해도 과언이 아니다. 이 장에서는 제도화된 모성이 학교체제와 사교육의 가교자로서 어떠한 역할을 하고 있는지 살펴보고자 한다.

1) 부모들의 재정지원: 학교는 과연 의무교육인가?

우선 어머니들은 가난한 학교의 운영비를 보조한다. 우리 사회에서 초·중등학교는 공식적으로는 정부의 공교육비로 운영되는 의무교육 기관이다. 그러나 엄밀히 들여다보면 학교는 의무교육이 아니다. 각

학교는 몇 백 만원에서 수 천 만원에 이르는 학교발전기금을 부모들로부터 기부받아 학교 운영에 사용한다. 공부를 잘 하거나 간부인 학생들의 어머니들로 운영위원과 단체장―초등학교에서는 녹색어머니회, 도서위원회 등, 중학교에서는 명예교사회와 체육발전회, 어머니회 등―을 구성하고 이 어머니들 중심으로 연결되는 어머니들이 각 단체 회원으로 가입하여 발전기금을 부담하게 된다.

발전기금을 걷는 방식은 학교장의 특성과 어머니 대표들의 성향이나 일하는 방식에 크게 좌우된다. 발전기금 모집으로 잡음이 생기기를 원하지 않는 교장의 경우는 경제적으로 여유있는 어머니를 운영위원들이나 다른 단체장으로 뽑는다. 물심양면으로 교장을 지원할 준비가 되어 있는 어머니는 어느 학교에나 있게 마련이고, 한 번 발탁된 어머니는 운영위원에서 물러나거나 단체장을 맡지 않더라도 계속 교장을 지원하는 일을 하게 된다. 이러한 어머니를 중심으로 학교를 지원하는 소수 어머니 그룹이 형성되고, 발전기금은 이 소수 어머니들이 내는 고액의 발전기금에 의존한다. ○초등학교의 경우 2002년 상반기 발전기금 9,900,000원은 14명의 어머니들이 낸 기금으로, 1인당 약 700,000원을 낸 꼴이다.

반면에 ㄱ중학교에서는 운영위원회, 명예교사회, 체육발전회, 어머니회와 같은 어머니 모임을 구성하고 어머니들은 각 모임 중 한 곳에 가입하게 되는데 적어도 전체 어머니들의 약 20%에 해당하는 100여 명의 어머니들이 어느 한 모임에 속하게 되고, 이 어머니들 대부분이 발전기금을 낸다.

ㄱ중학교의 경우 1년 살림살이에서 학교가 부모들로부터 지원받기

를 바라는 내역이 대표어머니들에게 전달되고, 대표 어머니들은 이 내역을 바탕으로 총 발전 기금 총액을 정한다. 명예교사회 대표로 이 과정에 참여했던 연구자에게 부모들의 재정 협조 없이는 빈민굴이 될 지경에 처한 학교의 가난이 적나라하게 눈에 들어왔으며, 이는 적지 않은 금액의 후원금을 내지 않을 수 없게 하였다. 발전 기금 총액이 결정되면 대표진이 좀 더 많이 부담하고 일반 회원 어머니들에게는 상대적으로 덜 부담되는 방향으로 1인당 권장 기부금액이 정해진다. 이렇게 해서 임원진 어머니들은 대략 100~200만원을, 일반 회원 어머니들은 발전기금을 잡부금 징수로 거부하는 몇 명의 어머니들을 제외하고는 10~20만원 정도를 발전기금으로 학기 초에 내게 된다. 2, 3천 만원에 이르는 발전기금은 학교측과의 협의 하에 다양한 학교운영비로 쓰이게 된다. 그 내역을 보면, 화단 조성비이나 어항 유지비와 같은 학교 미화 관련 비용, 정수기 설치와 이용료, 화장실 청소비, 아침 조회 30분 전 영어 회화 지도를 하는 담임 교사들에게 지급되는 장려금, 농구부와 같은 체육부 활동 지원, 스승의 날 선물 등이고, 이 내역은 총무를 맡은 어머니가 정리하여 학기말 어머니 총회에서 보고를 한다.

연구자가 참여 관찰한 재정 지원은 이와 같이 비교적 투명한 것이었다. 학교장은 교육에 대한 열정과 소신을 허심탄회하게 부모들 앞에 피력했고 부모들은 연구자처럼 가난한 학교의 실정을 이해하게 되면서, 학교를 도울 수밖에 없다는 생각을 갖게 되었다. 어머니회 회장 주재로 학부형 총회를 열고 학교 사정에 대한 공감대를 형성하고 어머니회, 명예교사회, 체육 발전회를 구성하였다. 세 단체의 회장 어머니들은 회원들에게 발전기금의 필요성을 설명하고 이를 걷는 책임을 맡았다. 발전기금을 부당한 잡부금으로 단정하고 발전기금을 낼 수 없다는 의사를 표명하는 몇 명의 어머니들이 있었지만, 전체 학생 수의 약 1/4 정도 되는 어머니들은 대부분 발전기금 모집에 동참하였다.

그러나 이것이 일반적인 모습은 아니다. 무엇을 하겠다는 계획은 세우지도 않고 우선 회비부터 거두는 학교가 있는가 하면, 컴퓨터 기자재를 새 것으로 교체한다며 학부모한테서 돈을 거두었으나, 컴퓨터는 바뀌지 않고 '그 돈을 스승의 날과 여름방학 야유회 따위의 비용으로 쓴다'는 소리를 나중에 듣게 되는 경우들도 있다[1]. 또 예·결산에 들어 있지도 않은 1, 2천 만원의 돈이 학부모들에 의해 움직이기도 한다(사례 11). 교장과 학부모 대표들의 합리성의 유무나 정도 차이가 이러한 차이를 발생시키는 것이다.

발전기금 외에도 학부모들은 다양한 방식으로 재정 지원을 한다. 학기 초 교실의 환경 미화와 수업 진행에 필요한 자질구레한 비품들은 임원 아이들의 어머니들이 준비해준다. 명목상 아이들에게 장난감 등을 가져와 벼룩시장을 열지만, 결국 이 행사는 반마다 몇 명씩 행사를 도와주러 간 어머니들이 얼마씩 돈을 내놓는 것으로 마무리된다. 한 학년이 다섯 반인 ○초등학교의 2002년 벼룩시장에서는 2학년의 경우, 이 행사에 도우미 어머니를 부르지 않은 반은 단 한 반이었다. 이 반은 어머니들을 부르지 않고 벼룩시장을 아이들 간의 즐거운

---

1) '학부모가 학교의 '재원조달' 창구인가?', <한겨레>, 2000. 4. 24; 2002. 4. 16.

행사로 끝을 내었다.

또한 어머니들은 특정 사업에 대한 자치단체나 교육청의 비현실적인 또는 부실한 지원을 보충하기도 한다. 자치단체로부터 1억 2천 만원의 지원을 받아 학교 공원화 사업을 시작한 ㅇ초등학교는 일을 시작하고 나서야 지원금이 콘크리트를 부수고 흙을 드러내고 배수로를 설치하는 등 공사비로 거의 다 소모되고 정작 나무는 몇 그루 살 수 없음을 알게 되었다. 교장의 고민은 가까운 어머니들에게 전해졌고, 결국은 녹색 어머니회 대표가 자발적으로 나서 바자회를 열겠다는 제안을 하게 되었다. 그러나 바자회를 통한 기금 마련은 외관상의 명목일 뿐, 실제 기금은 반마다 십 여명의 임원 어머니들—반 대표, 반장·부반장 어머니, 녹색어머니, 도서위원, 걸스카우트·보이스카우트 등—이 바자회 수입금에 각각 몇 만원씩을 보태어 한 반에 30만원을 맞추어 내는 것으로 결론지어졌다. 또한 바자회는 '팔리지 않는 건 되돌려 줍니다'라는 문구를 바자회 홍보지에 못 박음으로써 돈 주고 사서라도 새 것을 보내야 하는 '눈 가리고 아웅'하는 식의 바자회로 일단락되었다. 이렇게 해서 1천 여만원의 바자회 수익금이 모아졌고, 이 과정에서 개인 부모나 회사 등에서 낸 발전기금으로 총 2천 여만원이 모아졌다.

임원을 맡는다는 것은 곧 돈도 들고 노력봉사 또한 요구하는 일임을 어머니들은 다 알고 있다. ㅇ초등학교의 4명의 임원진 어머니들은 학기 초에 10만원씩 회비를 내어 40만원을 마련하여 한 학기 반 운영을 보조하였다. 회비는 모둠별 문구통, 색연필통 등을 마련하고 운동회, 학예회 같은 날에 햄버거나 피자 등을 돌리고 운동회 때 아이들이 반마다 다르게 입는 티를 구입하는 데 사용되었다. 이 정도의 학급 보조는 어머니들 사이에서는 치맛바람이 아니라 수긍할 만한 건강한 학급 보조로 이해된다. 그러나 간혹 대표 어머니들의 선물 돌리기가 확대될 경우, 우유 급식이 나오지 않는 토요일에는 한 두 어머니가 돌아가며 반 아이들 간식거리를 돌리기 시작하면 아이 기를 죽이고 싶지 않은 마음에 '한 번은 돌린다'는 정서가 반 어머니들 간에 형성되기도 한다.

정부 예산에서 교육비가 차지하는 비율은 1996년 24.0%를 정점으로 2001년 19.5%로 줄어들고 있다. 그러나 국내총생산 대비 교육비 지출 비중은 OECD 가입국 평균(1998년도)이 5.66%이고 한국은 7.03%로 교육비 지출이 낮은 편이 아니나 공공재원 비율은 4.07%로 OECD 평균 5.00보다 낮다[2]. 현 수준의 공공 교육비 예산으로는 학교는 교사의 학습 준비물 지원은커녕 난방비조차 확보하기 어렵다. 에어컨을 설치한 학교들에서는 전기세가 없어 부모들이 그때그때 돈을 모아 전기료를 내준다. 반면에 부모들이 이렇게 학교 재정을 지원할 때, 비교적 재정이 튼튼한 서울시만 해도 교원 명예퇴직금으로 2200억원의 빚을 떠안아 학교 운영비와 시설비를 잘라 원금 상환과 이자를 부담하였다[3]. 이 같은 교육 재정의 열악성과 비합리적 재정 구조는 공교육의 재정적 불안정성의 1차 요인이고, 이런 구조 하에서 학교가 학부모들의 사적인 재정 지원에 의존하는 것은 필연적인 일로 보인다. 가난한 학교는 앞에 서술한 학교 운영 관련의 일상 경비만을 학부모

---

2) '국내총생산(GDP) 대비 교육비 지출', http://210.122.126.23/.
3) <한겨레> 1999. 11. 19

에게 의존하는 것이 아니다. 학교 급식 시설의 일부 신축이나 예절실 마련 등과 같이 수 천 만원이나 그 이상이 드는 큰 지원도 특정 학부모의 지원으로 이루어지기도 한다.

2) 어머니의 노력 봉사: 생활교육의 실종과 어머니의 도구적인 학교 참여

아이, 교사, 부모는 교육의 세 주체이다. 따라서 교육의 질을 담보하기 위해서 바람직한 참여는 활성화되어야 한다. 그렇다면 우리 사회에서 특히, 어머니의 학교 참여는 과연 어떤 성격으로 이루어지고 있는가? 현재 학교라는 제도는 자기 노동에 대해 화폐 보상을 받는 교사들과 기타 교직원에 의해서만 운영될 수 없다. 어머니들의 노력봉사 없이는 아이들의 안전한 등하교도 독서실 운영도 벼룩시장도 가능하지 않다. 심지어 학교의 수업조차도 가능하지 않다.

자기 아이를 학교에 맡기고 있는 부모로서 시간을 낼 수 있는 전업주부나 시간제 일을 하는 어머니들이 비교적 부담 없이 순수하게 봉사할 마음으로 활동하는 것이 녹색 어머니회나 도서위원이다. 녹색 어머니회는 한 반에 5명 정도 조직되어 있고, 1년 동안 등하교 시간에 월 1회 건널목에서 아이들을 안전하게 안내해주는 일을 한다. 도서위원은 한 반에 두 세 명씩 조직되어 있고 월 1회 봉사하는데, 도서관 담당 교사 반 어머니들은 더 많이 봉사한다. 담임에 따라 차이가 있지만, 2학년 말까지도 엄마들이 청소하러 가는 사례가 목격된다. 직장 때문에 못 오거나 안 오는 엄마들의 아이들로 구성되어 있는 청소조의 경우 자기들이 감당하기 힘든 빗자루, 대걸레 등으로 청소를 하느라 한 시간 이상 청소를 하기도 한다. 적지 않은 수의 담임들은 교사가 협조받기 쉬운 조건과 자질—경제적으로 여유 있고 채점 등을 맡길 만한 신뢰성을 주는 등—을 지녔다고 판단되는 어머니를 선택하여 학급 대표로 뽑고 이들에게 자질구레한 수발을 들게 한다. 학급대표 어머니를 중심으로 모인 몇몇 어머니들이 화분, 커튼, 테이블보 등의 환경 미화와 학급 비품 등을 준비하고 시험 점수 매기기 등을 돕게 한다.

청소는 초등학교에서만 이루어지는 것이 아니다. 중학교에서도 에어컨을 틀기 전에 어머니들에게 에어컨 청소를 부탁한다. 에어컨 청소가 어렵고 조심하지 않으면 상처입을 우려도 있기는 하지만, 교사 지도 하에 학생들이 하지 못할 일은 아니다. 이것은 학교에서 생활교육이 실종되었음을 보여준다. 청소를 해주러 간 어머니들은 교실의 더러움에 경악을 금치 못하고 대청소를 샅샅이 해주게 된다. 자기 방을 치우는 습관을 자기 아이에게 들이지 못한 어머니들은 아이들이 에어컨 청소를 할 수 있으리라는 기대를 아예 하지 않고 당연한 어머니들의 몫으로 생각한다.

학교 행사 지원 역시 어머니 몫이다. ㄱ중학교의 산행에서 교사들은 아이들에게 음료수 대신에 쓰레기가 나오지 않는 깎은 오이를 제공하기로 하였고, 이 일은 어머니회 일이 되었다. 오이깎기는 학교보다는 집이 편하다는 판단에 따라 임원인 어머니들과 이웃의 16명의 어머니들은 각자 분담하여 총 600개의 오이를 깎았다. 스승의 날 선물을 위해서는 남대문 시장에 가서 수 십개의 선물을 사고 포장을 하고 선생님 이름표를 컴퓨터로 뽑아 붙이고 전달식을 치루어야 했다. 이 일만 족히 일주일은 매달려야 하는 일거리이다(사례 22).

어머니들은 때로는 학교 행사를 지원하는 수준에서 더 나아가 아예 주도하기도 한다. ㄷ 중학교 어머니들은 자기 학교의 특목고 진학률이 강남 다른 학교의 5%에 못 미치는 2%라는 것에 불만을 갖고 교장에게 항의하였고 학교 축제일은 학교 회장단이 하는 것이 아니라 그 어머니들이 하게 되었다. 공부 잘 하는 자녀를 둔 어머니들은 대개 어머니회 임원진으로 구성되고 어머니들은 자녀의 공부를 방해하지 않기 위해 자발적으로 초대 가수 섭외 등 일체의 축제 준비를 도맡는다(사례 11).

ㅅ초등학교는 중국의 한 초등학교와 자매결연을 맺고 있다. 중국학생들이 방문을 하자, 전교 회장 어머니를 중심으로 각각 민박집을 할당하고 관광 일정을 정하고 함께 관광을 나가는 등의 일이 진행되었다. 아이들이 떠나기까지 일주일 동안 어머니들은 완전히 이 일에 매달려 있어야만 했다(사례 17).

학예회 준비 또한 어머니들의 몫이다. 교육력이 있는 교사는 학예회 준비를 정규 수업시간에 아이들 스스로 만들고 그리게 해서 준비시킨다. 그러나 학교의 방침은 아래의 공문에서 볼 수 있듯이 학예회 한 달 전부터 어머니들을 불러 학예회 준비 연습을 시키고 가족작품 준비를 독려한다.

> 2년마다 실시하는 종합 예술제를 올해 10월에 실시합니다…작품 제작은 우리 주위에 있는 폐품을 활용하여 반 어린이들이 협동

심을 발휘하고 창의적이고 다양하며 기발한 아이디어를 모아서 모두 협동 작품을 제작하며 가족 작품도 새로운 생각으로 만듭니다. 이에 따라 작품 제작의 방법과 새로운 생각을 이끌어낼 수 있는 좋은 방법과 학급을 도울 수 있는 방법을 다음과 같이 연수하고자 하오니 바쁘시더라도 꼭 참석하시오 훌륭한 종합예술제가 되도록 협조하여 주시기 바랍니다… ○○초등학교장

가족작품으로 전시된 작품 중에서도 적지 않은 것들이 상당한 솜씨를 부린 어른들의 작품으로 보인다. 몇몇 교사를 제외한 담임들은 가족작품을 숙제로 내주고, 결국 이 숙제는 엄마 숙제거나 누나나 형, 언니들의 몫이 된다. 한편 작품 전시 준비를 하는 이틀 동안은 반마다 몇 명의 어머니들이 동원되어 담임과 더불어 학예회 준비를 마치게 된다.

이러한 어머니들의 노력 봉사는 아이가 임원이어서 엄마도 자동적으로 임원이 되어 어쩔 수 없이 이루어지기도 하고 자발적으로 이루어지기도 한다. 그러나 직장이 있는 어머니들은 동참하기 어려운 참여이다. 그리고 무엇보다도 어머니 봉사가 문제인 것은 어머니 봉사의 많은 것들이 실은 학생들의 생활교육 차원에서 이루어져야 할 것들이라는 점이다. 지금 어머니 세대가 학생 때에는 부모가 청소하러, 환경 미화해주러 학교에 가는 일은 없었고, 등하교 길의 교통정리도 고학년 학생들이나 걸스카우트나 보이스카우트들의 몫이었다. 그러나 요즘의 걸/보이 스카우트 같은 청소년 봉사 단체조차 실제 봉사와는 거리가 멀다. 1년에 한 두 번 정도 노인정이나 보육원 등에 가는 일회적인 봉사 활동을 제외하고 아이들의 활동은 캠프 중심으로 운

영되고, 여기에는 방학 때 수 백만원이 드는 해외여행이 포함된다.

학교운영위원회 제도는 노력 봉사가 체제의 원활한 기능 수행을 위한 도구적 참여가 아닌 체제에 영향을 미칠 수 있는 통로이다. 그러나 연구자가 참여 관찰한 바로는 운영위원회가 이러한 기능을 수행하기에는 아직까지 역부족이다. 여기에는 운영위원회의 권한을 근본적으로 제약하고 있는 몇 가지 요인이 있다.

첫째로 운영위원회는 결정권이 없고 심의 기능만 있다. 이것은 사실상 학교 운영에 운영위원회가 참여하기보다는 학교 측이 세운 계획, 예산안 등을 통과시켜 주는 거수기 역할에 머무르게 한다.

두 번째로 학교장의 민주적 의식의 정도가 운영위원회의 자율성을 규제한다. 행정 관료로 길들여진 학교장의 경우는 애초에 민주적이고 합리적 토론의 문화에 무지한 경우가 많다. 의식 있는 전교조 소속의 교사와 학부모의 출마에 지레 겁먹는 교장은 지역 운영위원, 교원 운영위원은 물론 학부모 운영위원들도 선거 전에 자기 사람들로 미리 구성해 놓는다. 따라서 운영위원회를 선거로 뽑는 학교가 여전히 드물다. 2002년 서울지역 고교와 특수학교 302곳의 새로 구성된 학교운영위원회 가운데 지역위원이 위원장을 맡고 있는 학교는 171곳으로 57%를 차지하고 있으며, 몇몇 구들은 80-90%에 이른다. 운영위원회 출범초기 대부분 학부모들이 위원장을 맡았던 것과 비교해서 지역위원들의 위원장 진출이 갈수록 크게 늘고 있는 것이 추세이다. 이는 이들이 대부분 학교장 추천으로 선출돼 학교장의 의중을 비교적 충실히 따른다는 점이 주요하게 작용하고 있는 것으로 보인다[4].

이와 같이 운영위원회의 인적 구성이 교장이 내정하는 사람들 중심으로 구성되어 있다는 것은 그나마 운영위원회가 갖고 있는 심의 기능도 제대로 발휘할 수 없게 한다. 연구자가 참여한 운영위원회 사례의 경우, 저학년의 경우 학부모 입장에서 전혀 교육적 효과가 없어 보이는 어린이 신문 구독 의무 사안에 대해 문제제기를 해도 '모든 선생님들이 아침 자습 시간에 신문을 너무나 잘 활용해 교육을 하고 있다'는 교장의 단언 한 마디로 더 이상의 토론은 어렵게 되었다. 교장의 확고한 단언에도 불구하고 더 토론하자고 주장하는 것은 교장과 정면으로 대결하겠다는 의지로 표명되기 때문에, 문제의식이 있는 운영위원이라도 더 이상 문제제기를 하기 어렵게 된다. 유전자 조작의 위험이 있는 콩류 식품(된장, 두부, 콩나물)과 밀가루 품목만이라도 우리 농산물로 바꾸고자 하는 연구자의 의도도 처음에는 잘 하고 있는 학교 급식에 대해 괜한 트집을 잡으려는 불순하고 호들갑 떠는 행태로 밖에 여겨지지 않았다. 유전자 조작 식품 위해성에 대한 충실한 자료 준비와 설명 등으로 결국은 운영위원들을 설득해서 품목을 바꿀 수 있었지만, 그 과정은 ·근거 없는 경멸적인 시선을 감내해야 하는 매우 힘든 인내를 요하는 과정이었다.

부임하자마자 교사들에게 덕장(德將)으로 불리운, 다음 교장 선생님 하에서 운영위원회 분위기는 전적으로 달라져서 비로소 개방적이고 합리적인 토론도 가능해졌다. 어린이 신문도 담임의 교육적 구독 의사에 맡기고 전교생 일괄 구독은 하지 않기로 결정되었다. 급식 문제도 학부모의 건강한 각별한 관심으로 인정을 받았다. 이와 같이 풀뿌

---

4) '학교운영위원장 과반수 지역위원이 장악', <한겨레>, 2002. 6. 17.

리 수준의 직접 민주주의의 경험이 이제 막 시작되고 있는 우리 사회에서 교장의 권위주의적 혹은 비권위주의적 태도는 운영위원회 민주적 운영의 결정적 변수가 되고 있다.

이상에서 살펴본 바와 같이 우리 사회는 어느 때부터인가 학교에서 수행해야 할 아이들의 생활교육거리들을 어머니들에게 떠맡기고 있고, 권위주의적이고 관료적인 교장은 운영위원회마저 도구화하고 있다. 이런 결과와 밀접히 연관된다고 생각되는 몇 가지 이유들을 살펴보면 다음과 같다.

첫째로 자녀수의 감소와 상대적인 경제력의 향상과 너불어 진행된 '귀남이/ 귀순이'로 기르기가 일반화되고 있다는 점을 들 수 있다. '귀남이/귀순이'로 기르기는 '공부 잘 하면 만사형통이다'라는 우리 사회의 실질적인 교육양태와 떼놓고 생각할 수 없다. 대학생들의 보고서를 받아 보아도 설거지나 집안 청소 같은 일을 일상적으로 하고 자랐다는 아이들은 없다. 추운 겨울에 자기 아이가 한 시간씩 건널목을 지키고 섰기보다는 어머니 자신이 봉사하는 게 낫다고 생각하는 게 요즘의 부모들이다.

둘째로 지금과 같이 방과 후 사교육으로 바쁜 아이들에게 도서위원과 같은 방과 후 봉사활동은 어불성설이다. 강남의 학교가 좋은 이유 중의 하나로 여겨지는 것은 학교가 아이들을 CA같은 활동으로 오래 붙들어 두지 않는다는 것이다. 중학교 학기 초 담임과의 면담에서 어머니들은 현실적으로 아이들이 방과 후에 학원을 다녀야 하는 것은 어쩔 수 없으니 학교가 아이들을 너무 오래 붙들어 두지 않았으면 좋겠다는 요구를 노골적으로 선생님들에게 한다.

셋째로 학교의 생활용품들이 아이들의 생활교육이 가능하도록 준비되어 있지 않다. 초등학교에서 기름이나 양초를 먹여야 하는 나무 바닥은 사라진지 오래다. 시멘트 바닥이 일반화되었고 대걸레를 사용해야 하나, 대걸레는 저학년 아이들의 경우 드는 것조차 힘들다. 자기들 키보다 훨씬 더 큰 대걸레로 바닥을 닦아야 할 뿐 아니라 계단까지 닦고 이것을 빨아 놓아야 한다. 이를 도와주는 청소부는 없다. 그러니 교사는 검사가 자기 의무라고 생각하고 엄마가 오지 않는 청소조 아이들의 청소는 한 시간을 넘기게 된다. 어머니가 직장이 없다면 아이들에게 버거운 이런 일을 참아내기란 쉽지 않다. 저학년의 경우, 단골로 청소하러 오는 어머니가 반에 십여 명씩은 생기게 마련이다. 2002년 기준으로 전국 5,384개의 초등학교의 118,502개의 학급수를 감안하면 초등학교 학생용 대걸레는 전국적으로 4학년까지만 어림으로 계산하여도 약 31만 6천 4개가 필요하다(118,502×4개(한 학급당 대걸레수)×4/6). 이 정도의 수요라면, 학생용 대걸레 생산을 교육정책 차원에서 고려할 법한데, 이제까지 어떤 교육 현장에서도 이에 대한 건의의 소리도 없었고 따라서 정책적 대응도 없다.

넷째로 학교의 정점에 있는 교장, 교육 공무원, 학교 재단들의 관료주의이다. ㄱ중학교의 급식 소위원회들은 다른 학교에서 문제를 일으킨 전력이 있는 급식업체를 고등학교에서 일방적으로 불합리한 조건으로 계약을 하고 관련 예산 내역도 불투명하자, 서울시교육청과 교육위원회에 민원을 내어 그 부당성을 조사해달라는 민원을 제출하였다. 서울시교육청의 미온적인 태도와 합의 종용, 이사장의 완고한 태도 속에서 급식을 거부하던 중학교도 1년 후에는 급식 소위원회를 이끌던 중 3 어머니들이 더 이상 위원회를 끌고 나갈 수 없게 되면서 고등학교와 함께 급식을 하게 되었다. 이 과정에서 부모들이 깨달은 것은 어떤 교육 비리도 재단과 교육청이 관료주의로 하나가 되고 있는 풍토 속에서는 파헤쳐지고 올바로 시정되기가 어렵다는 것이다.

(3) 공교육이 무너진 자리에서 방향 잃은 어머니들의 고군분투

앞 장에서는 사교육에 의해 유지되고 있는 붕괴된 학교 교육의 실상을 살펴보았다. 여기서는 외관상 대립적인 이 두 체제를 매끄럽게 이어주기 위해 어머니들이 고군분투하고 있는 다양한 모습들을 살펴보고자 한다.

① 학교 공부 따라가기 위해 사교육으로 실력 길러주기

이제는 학교를 믿고 아이가 학교의 학습 진도를 따라가게 그냥 둔다는 것은 아이를 지진아로 만드는 첩경이라는 것이 어머니들의 상식이 되고 있다. 소박하게는 아이가 학교에서 바닥으로 쳐지지 않게 하기 위해, 좀 더 욕심을 낼 경우는 수월성을 인정받게 하기 위해 실력을 길러주어 아이를 학교에 보내는 것은 어머니의 첫 번째 의무가 되고 있다. 어머니들은 문제집 풀기든 학습지 구독이든 학원 교습이든 과외 선생이든 그 어떤 하나에 의존해 아이의 실력을 길러준다. 선행학습까지는 아니더라도 최소한의 예습 없이는 아이는 학교 수업을 따라가지 못하기 십상이다. 전과가 유일한 참고서였던 60년대의 학습 풍경은 한 세대가 지나면서 확실하게 사라졌다. 실력을 기르는 곳이 학교가 아니라 집이나 학원이 되어 버린, 교실 붕괴는 여러 요인들이나 맥락들이 복합적으로 작용한 결과이다.

예를 들면, 학교 교과서와 교과과정은 상식적으로 납득하기 어렵게 비교육적으로 구성되어 있다. 성장기 아이들에게 지식보다 더 기초적인 교과인 예체능의 비중은 한 세대 전에 비해 퇴보했다. 영어는 듣기를 중시하는 생활학습을 중시하는 쪽으로 발전하고 있는 것과는 달리, 국어는 초등학교 1학년 때부터 의태어, 의성어 학습과 같은 문법적 접근을 보인다. 수학 교과는 외국의 진도보다 2, 3년은 빠르다. 아이들의 학습소화력을 감안하지 못한 과잉의 지식 학습을 요구하는 교과과정과는 달리 요즘 아이들은 이러한 주입식 교육에 적응하기 어려운 몸이기 때문에 교실 내 아이들의 산만함만 높아질 뿐이고, 다시 이것은 교실 내에서의 지식 습득 효율성을 낮춘다. 이와 같이 아이들에게 골고루 기초 실력을 길러주기에 역부족인 교실 상황에서 교사들은 숙제라는 전략을 자연스럽게 선택하게 되고, 아이들은 초등학교 1학년부터 받아쓰기 열 번 연습해오기, 단기간에 구구단 외어오기와 같은 식의 과도한 숙제에 시달리게 된다. 많은 경우, 교과서에 소개된 실기 학습은 주어진 학교 수업 시간에 소화하기 어렵고 결국은 숙제로 돌려지는 현상은 초등학교 저학년에서 특히 심하다.

경시대회는 이러한 사적 교육 기능을 강화시키는 촉매제 역할을 한다. 아이들은 독서삼매에 빠지는 것이 아니라 독서 경시대회 시험을 치르기 위해 주인공 이름을 외워가며 독서를 해야 하고, 부모는 시험에 대비해 함께 책을 읽고 퀴즈 문제를 내주어야 한다. 교과서 수준보다 필경 어렵기 십상인 수학 경시대회를 대비해 부모들은 거의 매일 한 두 시간을 가르치거나 학습지를 구독하고 아이를 학원을 보낸다. 아이의 학습을 도와 줄 시간을 내기 어려운 맞벌이 부부들은 개인 과외 선생을 쓰거나 학원을 선택한다.

② 아이들을 가르치기 위해 운전기사하고 배우고 취업하기

이와 같이 교실붕괴가 진행되고 있는 상황에서 아이들을 가르치기 위한 어머니들의 적응은 다양한 방식으로 전개된다.

강남 중산층 거주지에서 운전기사로서의 역할은 어머니 역할에서 중요한 비중을 차지한다. 학교는 체험학습을 한다고 아이들을 데리고 몇 번 수영장을 간다. 신나게 수영장을 가면 아이는 다른 아이들에 비해 수영에 매우 서툴다는 것을 발견하고 주눅 들고 수영을 배워야 겠다는 생각을 한다. 수영을 가르치지는 못하고 맛보이기로만 경험하게 하는 학교 체험학습은 아이와 어머니로 하여금 수영 사교육을 선택하게 하고 수영장이 집 근처에 없는 한, 이는 운전기사로서의 어머니 역할을 요구한다. 아이가 중학교에 들어가면서는 아이를 학원에 데려다 주고 데려 오는 것이 어머니들의 주요 일과가 된다. 더구나 초등학교 고학년이 되면 사교육 팀들이 형성되게 되는데 이때 세컨 차(어머니용 자가용)가 없는 엄마는 팀에 낄 수 없다(사례14). 어떤 어머니는 집에서 학원까지, 그리고 집에서 20-30분 거리 내에 있는 마트 밖의 지역으로는 운전에 자신이 없어 차를 몰고 나가지 않는다고 할 만큼 운전은 한정된 생활 범위 안에서 이루어지기도 한다. 한 아파트 단지 내에 같은 학원 방향으로 다니는 아이들이 여럿이 있으면 어머니들은 교대로 운전을 하기도 한다. 초등학교 저학년 때부터 학교 외부에서 주최하는 수학, 영어, 과학 경시대회에 다니는 아이들이

한 반에 한 둘씩 생기며 어머니들은 경시대회 정보 입수, 설명회 참여, 등록, 운전해서 데려다 주고 데려 오기 등 일체의 매니저 역할을 해야 한다.

남편의 경제력이 뒷받침되는 계층에서 대학원이나 유학까지 다녀와 직장을 갖게 된 어머니가 직장을 포기하는 것은 '애 말이 늦어서' (사례 20)와 같은 표면상의 이유로만 설명되기 어렵다. 운전기사 역할 하나만 충실히 한다고 해도 어머니가 전일제 직장 생활을 한다는 것은 불가능하며 운전은 단순 운전이 아니라 아이의 생활 관리 매니저로서의 한 기능인 것이다.

상층 계층에서 육아나 교육을 위해 어머니가 일을 그만 두는 것과는 반대로 서민층에서는 아이들을 가르치기 위해, 즉 사교육을 위해 어머니들이 일을 하게 되는 경우가 보다 더 일반적이다. 객관적인 통계를 제시하기는 어렵지만, 지역 사회에서 오로지 아이만 기르고 살림에만 전념하는 주부들은 점점 더 보기 어렵다. 정식 출퇴근을 하는 직종에 종사하는 어머니들은 많지 않지만 어머니들이 살림과 겸업할 수 있는 그 어떤 일들을 하고 있거나 찾고 있는 것이 일반적 풍경이다. 남편 월급으로는 사교육비나 생활비 감당이 벅찬 어머니들은 다양한 시간제 일이나 자유업 등의 일을 하기도 하고 사교육 직종의 경우, 취업이 바로 어머니가 아이들의 가정교사 역할에 도움이 되기 때문에 일하게도 된다. 여기서 어머니들의 학력 차나 출신 대학에 따라 취업 유형의 차이가 관찰된다.

과외 또는 영어 방문 교사나 학원 선생이나 학원장과 같은 사교육 교사 직종에 근무하는 어머니들은 대체로 소위 서울 지역의 명문 대학 출신들이다. 이들은 지역에서 어머니들 간의 네트워크를 활용해 가정 방문형이나 또는 동네 아이들이 교사 집으로 오는 형태의 과외를 하고 영어 방문 교사나 학원 강사를 한다. 이들의 수입은 남편 월급만으로 감당하기 어려운 자녀의 사교육비나, 전세금 또는 내 집 마련 자금 등으로 쓰인다.

사교육 직종에 종사하기 어려운 어머니들이 많이 종사하는 직종은 외판원과 다단계 판매원이다. 외판원의 경우 보험 외판원, 책 외판원, 생식 외판원 등을 많이 한다.

돈벌이가 목적이 아닌 사교육 직종 종사도 있다. 학습지 교사나 교육 관련 책 외판원이 이런 경우인데, 이들은 자기 자녀의 학습 지원에 필요한 정보를 얻는 것이 일차적 목적이다. 여기서 정보는 회사가 판매하는 교재와 이 교재가 학교 숙제나 공부에 어떻게 활용될 수 있는가에 대한 강의와 먼저 아이를 기른 어머니 강사의 (공부에서) 성공한 자녀 교육 강의를 의미한다. 학교와 교사 자체적으로 감당할 수 없는 수준의—시설 미비나 교사의 교육력의 부족, 적정 인원을 초과하는 학생 수 등의 복합적 결과—실기와 체험학습 위주로의 교과 변화는 결국 숙제로 떠넘겨지고 있고, 이 간격을 어머니가 사교육 시장에서 배워 메우는 결과를 낳고 있음을 볼 수 있다.

한편 사교육 산업은 학교 교육의 부실함이라는 좋은 시장조건 속에서 어머니로서의 경험을 전수하는 네트워크 형성을 종사원 확보와 시장 확대 전략으로 활용하고 있다. 즉 자본이 교육이라는 어머니들의 생활세계를 장악하고 있는 빈틈없는 모습을 보여준다. 그러나 이것이 정상적으로 작동하는 시장인가는 의문이다. 사례 12의 경우는 외판원을 할 동안은 연 500만원의 수입을 올리면서도 교육 정보도 얻는 일거양득의 소득이 있었으나, 이것이 일반적인 사례라고 보기는 어렵다. 자기 주변의 어머니들을 관찰한 A씨에 의하면 어머니들은 출판사의 영업 사원이 되기 위해 몇 백 만원 어치의 전집을 구매하고 교육을 받으며 정보를 얻으나 계속해서 판매 능력을 발휘하지는 못한다. 많은 경우 판매원 생활은 지속되지 못하며, 자기 구매로 그치거나 겨우 한 두건 판매하고 출판사가 제공하는 교육을 어느 정도 받고 나서 외판원을 끝내게 된다. A씨가 보기에 교재 판매는 이같이 몇 백 만원 어치 교재를 구입해주는, 정상적 외판원이라 보기 힘든 단명한 외판원 어머니들이 신규로 계속해서 가입했다 나가는 순환을 통해 명맥을 유지한다.

지역 사회도 역시 교사로서의 어머니 역할을 도와주는 프로그램들을 제공한다. 서초문화원의 프로그램 중 독서 교육과 한자/영어 교육은 그러한 예들이다. 다른 지역들에서는 여성단체가 체험학습을 직접 실시하여 부모와 아이들로부터 매우 좋은 호응을 받고 있다. 강남 지역에서도 '서초 · 강남 교육 시민 모임'이 방학 중 실시한 과학 캠프는 100여명이 참가하는 호응을 이루었다.

한편 조기 영어교육과 조기 유학은 지구/지역적인것 간의 절합의 대표적 예이다. 좀 더 적극적이고 재력이 되는 부모들은 사교육 게임을 벗어나 조기유학이라는 새 버전을 선택한다. 교육인적자원부의 '2000학년도 출국학생수 현황' 조사 결과에 따르면 2000년도의 경우, 초등학생 1만 640명, 중학생 5,974명, 고등학생 3,531명 등 2만 145명이 해외이민이나 유학을 떠났다. 해외이민이나 해외지사 파견으로 부모와 동행한 학생이 1만 5,748명으로 78.2%를 차지했고, 순수 유학생은 21.8%인 4,397명이었다. 유학생수는 98년 1,562명, 99학년도 1,839명에 비해 2.4배 이상 증가하였다[5]. 비율로 보자면 이는 초중고 모두 각각 약 0.003% 정도이다. 서울시 중 고등학생에만 국한할 경우, 유학이나 이민 등을 이유로 자퇴하는 아이들은 중학생은 전체 37만 5천명 중 1,801명으로 0.48%, 고고생은 45만 3천명 가운데 1,906명으로 0.42%에 불과하다[6] 이같이 절대 비율로는 미미한 조기유학은 서울, 특히 강남 지역에서는 아래의 사례처럼 미미하지 않고 일반적인 풍속도로 보인다.

> 연구자: 여기서(강남구)도 많이 가지요?(단기 유학을 말함)
>
> 제보자: 많이 가지요. 요즘에는 단기 유학을 가요. 1년 쯤 갔다오는 게 30%, 4학년, 5학년 그때 굉장히 많이 가요. 가서 5학년, 6학년 그때 오지요.
>
> 연구자: 선행학습을 시켜놓고 갔다 오나요?
>
> 제보자: 그런 갭을 줄일려고 4학년 때 가서 5학년 말에 와서 열심히 선행학습 시켜서 따라가지요.
>
> 연구자: 이렇게 갔다 온 애들이 꽤 되나요?
>
> 제보자: 많아요. 하다 못해 6개월이라도 갔다 오려고 하지요.
>
> 연구자: 이런 걸 보면 갈등되지 않으세요?
>
> 제보자: 너나 나나 다 가니까 가야 하나 그런 생각도 들고, 다 잘 해야 하는 거 아닌데, 저래도 되나 하고 희비가 교차하지요. 하다 못해 애들이 외국 이야기를 옆집 얘기하듯이 하니까, 안 가고는 얘기에 끼지 못하는 거에 대해서 스트레스를 받

---

5) '조기 유학 다시 급증', <한겨레>, 2001. 9. 15.

6) <한겨레>, 2001. 3. 9.

는거야…외국에 갔다 온 애들은 선생님이 이미 못 가르쳐
요. 발음 갖고 자기들끼리 키키거려요(사례14)

　또한 조기유학은 그 절대 비율의 미미함과는 달리 정서적·문화적
파급 효과는 중간 계층 이상에서는 가히 압도적으로 보인다. 삼성경
제연구소가 운영하는 인터넷 정보 사이트 SERIZINE(2002. 09. 12)이
회원들 4,430명을 대상으로 한 조사를 보면, '이미 유학중이다.' 8.4%,
'보낼 의향이 있다.' 61.7% (2,732표), '보내지 않겠다.' 29.9%로 조기유
학을 보내고 있거나 보낼 의향이 있는 회원들이 70.3%로 압도적 다수
를 차지하고 있다. 이 사이트의 회원은 대학원 졸업 이상의 학력을
가진 사람들이 대부분으로 엘리트 계층의 정서를 대변한다고 볼 수
있다. 한편 연구자가 만난 중산계층의 어머니들 역시도 한결같이 조
기유학의 희망을 표현했다. 그들은 남편이 해외 지사 발령을 받고 학
비 지원 받아 외국인 학교를 다니면서 몇 년간 해외에 살다 오는 것
을 최대의 희망으로 표현하였고, 주변에 그런 경우가 있으면 부러움
의 대상이 되었다(사례21). 사례 17은 이러한 부러움의 대상이 되는
전형적인 사례인데, 이 경우 남편은 근무 기간이 끝나면 국내로 들어
오지만, 부인과 딸 둘은 계속 미국에 남아 미국 대학 입학을 준비할
예정이다. 조기유학에 관련되는 어머니들의 유형을 몇 가지로 구분해
·보면 다음과 같다.
　첫째는 돈을 벌어 지원하는 형이다. 이 유형의 어머니들은 중학교
나 고등학교 때 아이를 조기유학 보낸다. 대개 해외에 있는 인척 집
에 아이를 맡기거나 팀을 조직해 팀을 이끌고 간 어머니에게 맡긴다.

이런 어머니 중에는 대학교수와 같은 전문직 여성도 있지만, 혼인 이후 전업주부로 십수 년에서 이십 년 가까이 살아온 삶에서 과감하게 취업 여성으로 변신하는 경우도 있다. B씨는 남편이 기자인데 고등학생 아들을 유학 보내기로 결심하고 미국 여행을 다녀왔다. 미국 여행에서 그녀는 피자 기술을 배워 길가에 있는 집의 마당을 피자 가게로 개조하고 동네에서의 인맥을 바탕으로 피자 가게를 열었다. C씨는 미국에 있는 이모에게 중학생 딸을 보내놓고 유학비를 벌기 위해 식당을 운영한다. 은행 간부를 남편으로 둔 D씨는 수 백만원 하는 과외비를 감당하기 위해 예식장 사업가로 변신하였다. 고등학생인 아이 둘은 일요일에도 학원과 도서관으로 나가고 부인은 예식장으로 출근하는 D씨의 남편은 가족들과 함께 할 수 있는 주말에 홀로 집을 지키는 신세가 되었고 이게 가족인가라는 회의를 품어보지만 그저 이 생활에 적응할 뿐이다. 고가 수입품을 다루는 가게를 운영하는 E씨의 남편은 중견 회사원이다. E씨는 남편의 기대에 부응하지 못하는 아들이 안쓰러워 아들을 유학 보낸 상태이다. 이 여성들은 모두 주부로 살다가 사교육비 벌기라는 자식 뒷바라지를 위해 사업가로 변신한 경우다.

둘째는 남편을 두고 아이들과 몇 년 동안 조기유학을 다녀오는 경우다. 연구자가 관찰한 호주나 뉴질랜드의 경우 월 생활비는 150~200만원이 든다. 이 가족들은 부모는 대학의 명문대 출신이나 현재 계층은 중간 계층에 속한다. 그렇기 때문에 이들은 팀을 이루어가는 전략을 택해 생활비를 절감한다. F씨는 다른 엄마와 함께 자기 아이 둘을 포함하여 네 가구의 아이들과 함께 하는 3년 동안의 뉴질랜드 조기유학을 준비 중이다. 터를 잡기 위한 초기 자본이 1500~2000만원이 드는데 네 가구가 가니 500만원이면 될 것으로 예상을 하고 있다. 생활비도 가구당 최대 80~100만원이면 될 것으로 예상한다. 유학을 가서도 국어와 수학은 귀국한 뒤 아이들이 뒤떨어지지 않도록 가르칠 예정이다. F씨가 조기 유학을 결심한 데는 남편의 독려가 큰 작용을 하였다. 결단을 못하고 있는 F씨에게 남편은 아이들에게 좋은 경험이 될 거라며 다녀오라고 독려를 해주었다. 조기유학에서 남편들의 태도는 대체로 F씨의 남편과 같을 것으로 보인다. 생활비를 보내주어야 하는 남편의 동의와 지지는 절대적으로 중요하다. 조기유학은 어머니 개인의 교육열로만 설명되기 어렵다. 오히려 표면상의 어머니의 적극성 이면에는 어머니의 적극성을 상회하는 수준의 아버지(남편)의 적극적인 지지와 독려가 조기유학을 실행하게 하는 요인으로 자리 잡고 있다고 보인다.

한편 조은(2004)에 의하면, 2001년 미국 캘리포니아의 한 대학 도시에서 관찰된 기러기 가족은 학비를 포함해 연평균 1억원의 돈을 쓰고 있으며 남편의 직업은 무역업, 고위직 공무원, 교수, 변호사, 의사, 컴퓨터 관련 사업가 등 한국의 중산층 이상 재력을 가진 사람들이다.

3. 제도화된 모성의 균열과 지역성 회복의 가능성

앞 장에서는 학교 체제가 부모들의 다양한 활동과 봉사의 뒷받침에 의존해 유지되고 있는 현실을 살펴보았다. 어머니들의 다양한 고군분투는 제도로서 최소한의 자기 충족적 조건과 기능을 상실한 학교 교육 제도의 부실을 보완해주고, 학교 교육과 사교육을 연결해주는 매개고리 역할이라는 체제 유지 효과를 갖고 있음을 볼 수 있었다. 이는 바로 한국의 제도화된 모성의 실상인 것이다. 학교체제가 이와 같이 어머니 노동과 노고를 착취하고 있는 현실을 유지하면서, 혁신적인 풀뿌리 실천의 새로운 주체로서의 어머니를 기대하기는 쉽지 않다. 이 장은 이와 같이 학교 교육과 사교육을 연결해 주는 매개 고리로서의 제도화된 모성에 균열을 낼 수 있는 조건, 즉 참여적이며 여성주의적인 새로운 주민·시민으로의 여성이 출현할 수 있는 조건은 가능한가, 가능하다면 그것들은 어떤 것들인가라는 질문에 답해보고자 한다.

이 질문에 답하기 위해 연구자는 앞 장에서의 연구와 이전의 연구를 바탕으로 하여 한국 사회에서 모성의 존재구조에 대한 분석적 그림을 하나 제시해 보고자 한다.

〈그림 1〉 한국 사회에서 모성의 존재 구조

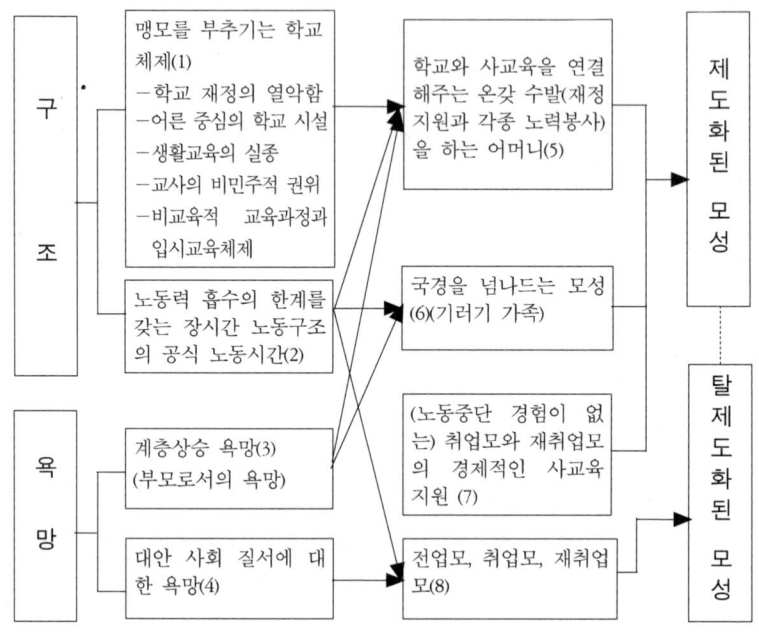

-: 두 욕망이 단절된 것이 아니라 상호 공존, 전화함을 나타냄

위 그림은 우리 사회의 모성 구조에 대한 분석적 도식이다. (5), (6), (7)은 제도화된 모성의 세 유형을 보여주는 것이다. 앞 장의 논의는 (7)에 포함되는 취업모를 제외한, 이 세 유형을 그림 왼쪽 편의 구조와 욕망과 관련시켜 보여주고 있다. 앞 장에서는 특히 맹모를 부추기는 학교체제(1)와 이러한 학교와 사교육을 연결해주는, 어머니의 온갖 교육 관련 노력봉사(5)를 중점적으로 보여주고 있다. 여기서 학교체제와 더불어 맹모를 양산하는 구조적 요소로서 노동력 흡수의 한계를 갖는 장시간 노동구조의 공식 노동 시장이 있다. 공식 노동시장은 근

대 사회에서는 장시간 노동 체제와 성인의 지속적인 돌봄을 필요로 하는 아이의 성장 리듬간의 심각한 불일치를 가져왔고 이는 공식 노동시장에서 여성이 배제되는 효과를 낳았다(김정희, 1998: 64-67). 정보화 시대에 들어와서 공식 노동시장은 노동력을 흡수하기보다는 오히려 더 많이 퇴출시키는 장으로 기능하기 시작했고 그러한 조짐은 가속화될 것으로 전망된다(리프킨, 1996). 한편 제도적 모성을 강화하는 욕망의 변수는 이 논문에서 다루어지지 않았지만, 이 욕망은 우리가 경험적으로 확인할 수 있으며 교육 관련 TV 프로그램[7]이나 부모 대담(이귀옥, 2002; 박창순, 2002)과 같은 글들에서도 확인할 수 있다. 이런 프로나 글들에서는 아이의 일거수일투족을 지시하는 제도화된 모성의 과잉 욕망과 이에 길들여져 자긍심을 잃은 채 그러한 부모 사랑을 부담스러워 하여 기가 죽어 있으면서도 얼렁뚱땅하는데 익숙해진 아이들의 모습이 그려져 있다. 이런 모습은 교사에 비춰진 아이의 모습에서도 확인된다[8]. 조은(2004)은 한국 가족을 '사회 이동에 대한 욕망의 장'이라고 명명함으로써 한국 사회에서 부모의 욕망이 갖는 추동력을 분명하게 표현한다.

한국 사회의 학교 체제는 위의 그림이 보여주고 있는 바와 같이 제도화된 모성의 극심한 강화 속에서 기능하고 있고, 이것은 여성주의가 교육을 폭넓게 조망할 필요성을 말해준다. 그러나 교육에 대한 여성주의 연구는 학교 내 성차별에 국한된 관심만을 보이고 있다(김정

---

7) 예를 들면 2002년 교육방송의 '어머니 솔직 토크'와 같은 프로그램 등이다.
8) "'엄마가 하랬다 그래서 했다'고?", <한겨레>, 2000.4.24; "엄마 탓 떠넘기는 아이들", <한겨레>, 2001. 12. 10.

희, 2001: 41-44; 한국교육과정평가연구원, 1999). 교육에 대한 이러한 지엽적 조망 속에서는 한국의 제도화된 모성이 결코 문제시될 수 없다. 혹은 언제나 교육 문제는 교육문제이고, 히스테리라고 불릴 만큼의 문제시되는 제도화된 모성(임옥희, 2001)은 또 별도의 여성문제로 여겨진다. 양자가 통합적으로 인식되지 못하고 제도화된 모성에 의미 있는 균열을 내는 작업은 무한 연기될 수밖에 없다.

이러한 답보 상태를 넘어서기 위한, 즉 제도화된 모성에 균열을 내기 위한 첫 번째 조건은 여성주의 혹은 여성운동이 교육에 폭넓은 관심을 가짐으로써 제도화된 모성을 유발시키는 조건이 되고 있는 학교 교육 체제에 대한 여성주의적 담론과 정책을 개발하고 이를 공론화시켜가는 것이다. 〈참교육 학부모회〉가 1989년 창립 이래 16년 째 교육운동을 해오고 있으나, 이 단체의 활동도 제도화된 모성에 효과적인 균열을 내지는 못했다. 오히려 최근 이 단체는 정부 지원의 프로젝트 사업 수행을 하면서 혁신성을 잃어버렸다는 지적도 나오고 있다(송원재 외, 2001). 〈민우회〉와 같은 단체들의 지부들은 지역의 아동과 청소년, 주부들을 위한 교육 강좌와 프로그램들을 활발히 벌여왔고 주민들로부터 높은 호응을 받아 왔다. 그러나 여성단체들은 이러한 호응에 대면해 여성운동 단체로의 정체성을 다지면서 더 이상 교육운동을 발전시키지 않았다. 즉 지부의 교육활동을 회원 확보를 위한 수단으로 여겼을 뿐, 새로운 전망을 갖고 지역교육운동을 발전시키지도 교육에 대한 담론을 개발하지도 않았다. 그 결과, 여성운동에는 교육운동이라는 범주 자체가 설정되어 있지 않다. 예를 들면, 〈참교육 학부모회〉는 〈한국여성단체연합〉 회원이며 각 여성단체들이 지역교육활동을 수행해 왔음에도 불구하고, 그 10년 역사인 『열린 희망』(1998)의 영역별 운동사에는 교육운동이 포함되고 있지 못하다. 현재 범 교육시민연대와 같은 단체들이 교육운동을 하고 있지만, 거기에서 여성주의의 소리를 발견할 수는 없다. 여성주의가 교육을 바라보면 어떻게 다른 교육 정책안이 나올 수 있는지, 혹은 그들과 우리가 어디까지 공조할 수 있으며 차이는 무엇인지 등에 대해 여성학계와 여성운동계는 아무런 대응도 못하고 있다.

우리 사회에서 성인 여성의 거의 절반의 삶을 식민지화하고 있는 것이 제도화된 모성이라고 할 때, 제도화된 모성에 균열을 내는 문제는 현 단계 핵심적인 여성의제가 될 필요가 있다. 망국병으로 일컬어지는 교육문제는 단순한 사회문제가 아니라 여성을 제도화된 모성의 덫에 갇히게 하는 여성문제이기도 하기 때문이다. 교육부와 교육운동 단체들의 교육 변혁안을 검토하고, 여성주의 교육 변혁안은 과연 이것들과 어떻게 다른지를 담론화하고 실천의 영역을 만들어 갈 필요가 있다고 보인다.

제도화된 모성에 균열을 내는 두 번째 전략으로 연구자는 욕망의 전략을 개발해야 한다고 생각한다. 욕망은 동일한 구조 속에서 서로 다른 행위 지향을 낳게 하는 조건이다. 〈그림 1〉에서 보면, 제도화된 동일한 학교 체제 하에서 가구의 비슷한 경제적 수준에도 불구하고 (5), (6), (7), (8)는 각기 다른 모성 유형을 보여준다. 물론 미국의 조기유학 가구들이 영어를 자유자재로 구사하는 연 1억을 소비할 수 있는 엘리트 계층이라는 차이를 보이기는 한다. 그러나 비슷한 중간 계층의 어떤 어머니들은 팀을 짜서 좀 더 생활비가 싼 호주로 조기유학을 가거나 사교육 뒷받침을 위해 열악한 비공식 부문에 취업하거나 아니면 자신이 사교육 교사가 되지만, 다른 어떤 어머니들은 대안 학교를 만들고 지역 교육 네트워크를 구축한다.

욕망의 변화는 성찰을 요구한다. 달라이라마는 성찰은 명상과 교육을 통해 일어난다고 말한다. 이런 점에서 우리는 여성교육을 되짚어 볼 필요가 있다. 대학의 여성학 교육은 내적으로 공식부문에의 취업 여성을 이상적인 모델로 지니고 있다. 그러나 공식부분에 진출해서 지속적으로 머무르는 여성은 극히 한정적이다. 현재의 자생적 생태주의자들은 자유로운 탐구 정신의 명맥이 완전히 끊이지 않은 대학이라는 공간에서 배출되었다. 몇 개의 인문학 강의나 사회과학 강의가 생태주의자로서 삶을 사는데 도움이 되었을 수도 있지만, 이들은 대학 내 제도권 출신이라기보다는 비 제도권, 즉 학생들 자치 모임인 동아리 출신들이다. 대학이 새로운 문명 창조의 기반인 탈 근대적 인간형의 생성에 좀 더 개입을 할 수 있다면, 욕망이 계층 상승에 고착되는 것을 피하게 함으로써 제도화된 모성의 생성을 저지할 수 있을 것이다. 즉 체제 속에 여성들이 편입되기 전에 체제에서 부딪치게 되는 일상 삶의 구체적인 생활 주제들을 성찰하고 이 주제들을 탈 근대적으로 전망하고 준비할 수 있는 시간을 줄 수 있다면 매우 고무적일 것이다. 지역사회가 여성 리더십 실현의 장임을 일깨워주는 것만으로도 계층 상승에 고착되는 모성 욕망의 생성을 어느 정도는 피할 수 있을 것이다.

제도화된 모성에 균열을 내는 세 번째 전략으로 연구자는 생명여성주의자 어머니들과 여성주의가 손을 잡는 것이라고 본다. 〈그림 1〉

에서 보면 계층 상승의 욕망을 대안 사회 질서에 대한 욕망으로 대치시켜 내는 전략이라고 본다. 우리 사회의 시민운동권—주로 환경운동권과 일부 생활협동조합 운동권—은 지난 10여 년 동안 자연, 지역 사회, 문화 유적지 등을 대상으로 하는 다양한 체험 교육 활동을 전개해 온 생명여성주의자9) 어머니들을 배태해 왔다. 특히 유기농 직거래 운동을 하는 생활협동조합 운동이 10여 년의 역사를 갖게 되고, 환경 단체의 다양한 체험 교사 양성 프로그램이 활발해지고 아토피 등 환경병에 대한 관심이 고조되고 있는 요즈음, 갈수록 새로운 것을 갈구하는 어머니들의 변화가 확대되고 있음이 감지된다.

예를 들면, 한살림 일부 지부에서는 어머니들이 『도덕경』, 『장자』를 읽는 모임, 수련 모임이 활발하게 운영되고 있으며, 〈여성환경연대〉도 2003년에 여성환경활동가들을 상대로 '불교와 페미니즘' 강좌를 진행한 바 있다. 전통적인 자연육아로 아이를 기르는 〈수수팥떡〉의 모임도 활발하게 진행되고 있다. 수도권에는 10여 곳에서 대안 학교가 설립되어 운영되고 있는데, 운영주체들은 대개가 생활협동조합 활동이나 공동육아와 같은 자연친화적이고 주민 협동적인 경험을 한 어머니들이다(바람과 물 연구소, 2003). 이들은 탈 가부장적이고 탈 자본주의적인 정체성을 발전시켜 오고 있고, 따라서 기존의 제도화된 모성과는 전혀 다른 생명에 대한 존중, 공동체성, 지식보다는 인성 위주의 교육관, 인간관계에서의 소통 등의 중요성을 자각하고 이를 강

---

9) 보통 '생태여성주의자'(eco-feminist)로 지칭하는데 연구자는 생태주의의 핵심 가치가 개체와 종, 더 나아가 생태계의 생명 유지에 있다고 보고, 생태여성주 의를 생명여성주의로 부르고 있다.

조하는 특성의 모성을 보여주고 있다(김정희, 2000; 이경아, 2000). 또한 이러한 교육의 현장은 학교 교육과는 비교될 수 없을 정도로 양성 평등적인 교육 효과를 지니며 부성의 계발 또한 자연스럽게 일어나고 있다. 한 대안 초등학교는 아버지 참여를 입학 조건으로 요구함으로써 모성과 부성의 균형적 참여를 학교 운영의 원리로 삼고 있기도 하다(김정희, 1997; 우남희, 구현아, 2000; 바람과 물 연구소, 2003: 164, 166). 이러한 여성주의적 특성에도 불구하고 그들은 여성주의와 그들 자신을 연결시키고 있지 못하다. 단지 그들은 제도 교육에 실망하고 분노하는 부모로서만 대안 교육 활동을 하고 있을 뿐이다.

기존의 여성주의는 이러한 어머니들과 이들의 교육활동을 21세기 여성운동의 잠재력으로 파악하지 못하고 있는 듯하다. 그러나 21세기의 변화가 생태주의적 변화를 지향한다고 할 때, 여성운동은 이러한 새로운 경향의 풀뿌리 여성운동에 좀 더 주목 해 볼 필요가 있다.

예를 들면, 마포 지역의 마을 만들기는 보육과 교육에서 출발한 마을 만들기의 견실한 예를 보여준다. 이 지역의 공동육아 어머니들은 초등학교에 입학한 아이들을 학원에 보내지 않고 다양한 체험학습을 제공하는 마을학교에서 교육받을 수 있는 경제적 기반을 만들기 위해 마포 두레라는 생활협동조합을 만들었다. 아이들이 자란 터전인 동네의 성미산에 배수지를 설치하려고 했던 서울시 계획을 다른 주민들과 함께 백지화시키면서 어린이집 부모 중심의 모임이 주민의 일반적인 자치로 전환하는 계기를 맞고 있다. 주민 협동조합 형식의 카센터가 2003년 가을에 문을 열었고 반찬가게도 문을 열어 월 7만원이면 유기농 재료로 만든 반찬 2가지를 매일 제공해주어 지역 직장

여성들에게 최고의 인기를 끌고 있다(이경란, 2004).

청주의 마을공동체교육연구소에서도 교육을 바탕으로 하는 마을 만들기의 작업이 이루어지고 있다. 마을공동체교육연구소는 마을 공동체를 만들어가는 것이 대안 교육의 중심이라고 보고 있다. 개발 예정의 주택단지에서 수 만 마리의 두꺼비가 산란하는 것을 목격하고 나서 회원과 주민들은 환경영향평가를 다시 실시하였다. 그 결과 시의 환경영향평가에서는 개체 수가 200여가지만 나왔으나 주민 평가에서는 400가지가 나오고 새도 60종 이상 보고되었다. 주민들은 자신들의 환경영향평가를 근거로 주택단지 무효 싸움을 벌었고, 그 과정에서 청주시장을 쫓아내기도 하였다. 이후 연구소는 마을의 역사를 구체적으로 연구해서 그 마을의 사회역사를 구성하고 마을에서 지속적으로 부르던 노래, 마을에서 만들던 도자기를 주제로 한 미술 역사 과정, 이런 마을 수준의 교육과정을 만드는 일을 하고 있다(바람과 물 연구소, 2003: 168－69).

한편 최근 〈여성환경연대〉는 어머니들을 상대로 생태교육을 진행하면서 이들을 생태전문교육가로 양성하여 학교 방과 후 프로그램 등의 교사로 진출시킬 기획을 갖고 있다. 여기에는 이미 몇 해 전부터 길동의 생태공원 지킴이나 품앗이 방과 후 프로그램을 해 온 어머니들이 전문 강사로 참가하고 있다.

앞의 마포 지역과 청주 지역의 사례에서는 주민운동에 여성운동이 녹아 들어가고 있으며 후자는 좀 더 분명하게 여성생태교육 운동의 정체성을 표방하고 있다. 이러한 차이에도 불구하고 이러한 사례들은 생명여성주의 운동의 도래라는 여성운동에서의 작은 변화를 보여주고 있다.

이러한 작은 혁신적 실천들이 새로운 집단적 교육양식의 담론과 실천으로 표면화될 때, 제도화된 모성에 균열 내기는 비로소 힘을 받을 수 있게 될 것이다. 즉 대안학교를 합법화하고, 대안학교 지원 센터가 운영되며, 학교 교육에 도구적 참여가 아닌 주체적 참여와 투자가 일어나는 등의 변화는 이러한 새로운 여성 교육운동의 담론과 실천 속에서 의제로 생산되어 추진될 수 있을 것이다. 현재와 같이 여성운동이 제도화된 모성의 늪 속에 빠져 있는 어머니들의 집단적 존재양식에 문제제기를 하지 않고 교육운동에 대해 적극적인 관심을 보이지 않는 한, 제도화된 모성에 균열 내기는 가능해 보이지 않는다.

제도화된 모성에 비중 있게 균열이 일어나는 만큼 21세기 여성정치로·부각되고 있는 생활정치(이영자, 1998; 한국여성연구원, 2001; 여성정치세력민주연대, 2001), 주민자치, 풀뿌리 민주주의 참여민주주의도 내실 있게 발전해갈 수 있을 것이다.

4. 결론

본 연구는 지역성과 제도화된 모성에 대한 문제의식에서 출발하였다. 지역성의 창출은 신자유주의적 지구화가 결과하고 있는 생활 세계의 복합적인 위기에 대한 대안의 하나로 제시되고 있다. 대안적인 지역성 창조의 조건은 신자본주의 체제에 포섭되지 않은 새로운 주체성을 전제한다. 우리 사회의 제도화된 모성인 맹모(孟母) 상징이 가부장적인 신자유주의적 한국 사회와 하나로 통합되어 있는 한, 이것에 균열을 일으키지 않고는 탈(脫) 가부장적 주체성으로서의 새로운 어머니 집단을 기대하기 어렵다. 여기서 더 나아가 우리 사회에서 풀뿌리 참여민주주의의 대안 실천의 내적 발전도 그만큼 유보될 수밖에 없다.

본 연구의 내용을 구체적으로 살펴보면 다음의 두 가지이다. 첫째로 맹모의 존재 구조를 경험 연구를 통해 미시적으로 살펴보았다. 재정지원, 도구적인 학교 참여로서의 노력 봉사, 기타 공교육이 무너진 자리에서 방향 잃은 고군분투를 통해 형해화된 학교와 사교육의 가교 역할을 하고 있는 어머니 교육 노동의 실상을 심층적으로 살펴볼 수 있었다. 둘째로 이러한 연구의 바탕 위에서 맹모 상징의 균열이 가능한 조건을 탐구하여 다음의 몇 가지를 제안하였다. 제도화된 모성에 균열을 내기 위한 첫 번째 조건은 한국의 여성주의 혹은 여성운동이 종전의 교육에 대한 협소한 관심이나 무관심에서 벗어나서 교육에 폭넓은 관심을 갖는 것이다. 이것은 제도화된 모성을 유발시키는 조건이 되고 있는 학교 교육 체제에 대한 여성주의 시각에서의 담론과 정책을 개발하기 위한 전제 조건으로 요구된다. 둘째로 제도화된 모성에 균열을 내는 두 번째 전략으로 대학 교육이 학생들의 반수 정도가 편입될 제도화된 모성을 성찰하고 학생 스스로 탈 근대적 주체로의 성장을 준비해 갈 시공간을 만들어낼 수 있는 잠재 조건임을 지적하였다. 셋째로 생명여성주의자 어머니들과 여성주의가 만날 때, 이는 주어진 체제 하의 계층 상승 욕망을 대안 사회 질서에 대한 욕망으로 대치시켜 내는 전략이라고 보았다.

이상의 연구를 통해 볼 때, 현 단계 여성주의는 제도화된 모성의 변화를 직접 이끌어 낼 수 있는 공공정책을 국가에 제안하거나 스스로 구사할 수 있는 단계에 이르지는 못하고 있다. 어머니들의 제도화된 모성에 균열을 내어 지역 사회의 주체로 거듭날 수 있는 방안에 대한 연구자의 제안은 엄밀히 직접, 제도화된 모성의 변화를 끌어낼 수 있는 공공정책이 아니라, 그러한 공공정책이 어머니 개인, 여성 단체, 지역사회, 국가의 정책적 관심사가 되기 위한 전제 조건, 즉 공공정책이 싹틀 수 있는 전제조건에 대한 연구라 할 수 있다. 그만큼 제도화된 모성에 균열내기는 아직까지 정책적 무관심과 소외 영역에 굳건히 터하고 있다고 보인다. 그러나 21세기 여성 정치로 부각되는 생활정치, 여성주민자치는 이러한 제도화된 모성에 대한 균열 없이는 성공하기 어렵기 때문에 제도화된 모성에 균열내기, 나아가 이를 변화시키기 위한 전략에 대한 관심은 더 이상 늦추어질 수 없다고 보인다.

참고문헌

〈국내문헌〉

강성태(2001), "비전형근로의 의의와 노동법적 과제", 노사정위원회 비정규직 근로자 대책 특위 전문가 토론회 발표 논문(미간행).

강세영(1995), "사업체를 중심으로 본 한국 노동시장의 성별분리 현상", 『한국사회학』 여름호.

강수영·김선미·안지영(1996), "한국여성환경운동의 평가와 전망", 『여성과 사회』 제7호, 서울: 창작과비평사.

강현아(2003), "대기업 노동조합에서 여성 비정규 노동의 배제 양상", 『한국여성학』 제19권 1호, 한국여성학회.

권경희(2000), "에코페미니즘의 역할과 한계성 : 동북아 국제환경이슈와 여성환경운동을 중심으로", 『한국동북아논총』 제16호.

권혜자(1998), 『임금체계 유연화와 노동의 대응』, 서울: 한국노총 중앙연구원.

권혜자(2003), "동일노동 동일임금의 쟁점과 효과", 『비정규노동』 3월호, 서울: 비정규노동센터.

권혜자·박선영(1999), "비정규 노동자의 규모, 법적 지위, 조직화 방안", 한국: 한국노총 중앙연구원.

금재호·조준모(2000), "외환위기 전후의 노동시장 불안정성에 대한 연구", 제2회 한국노동패널 학술대회 발표논문.

김기선미(1997), "여성운동의 흐름", 『여성과 사회』 제8호, 서울: 창작과비평사.

김선욱(1996), 『21세기 여성문제와 여성정책』, 서울: 박영률출판사.

_____(1998), "1990년대 여성입법정책의 성과와 과제", 『여성과 사회』, 제9
호, 서울: 창작과비평사.

_____(1999), "남녀차별금지법제정의 의의와 과제", 『아세아여성법학』, 제2
호.

_____(1999), "사회적 불평등과 여성정책", 『한국행정연구』, 제8권 제3호.

_____(1999), 『독일여성정책』, 이화여대 법학연구소.

_____(2000), 『여성정책과 행정조직』, 이화여대 법학연구소.

_____(2003), "적극적 조치의 현실과 법리", 한국법여성학의 전망과 과제 심
포지엄자료집, 서울대학교 법과대학.

김성희 편저(1998) 『고용구조재편의 세계적 추세와 노동조합운동의 대응』,
서울: 한국노총 중앙연구원.

김소영(1995), 『고용형태 변화에 따른 노동법적 대응』, 서울: 한국노동연구원.

김양희(2001), "여성정책 주류화를 위한 이론 및 방법론, 쟁점", 여성정책주
류화를 위한 세미나 자료집, 서울: 한국여성개발원.

김엘림(1999), 『남녀고용평등법 시행 10년의 성과와 과제』, 서울: 한국여성개
발원.

김영옥(1994), "여성고용의 불안정화 추이와 정책과제", 서울: 한국여성개발
원.

김욱동(1997), "에코페미니즘과 생태중심주의세계관", 『미국학논집』 제29권
제1호, 서울: 한국아메리카학회.

김유선(1999), 『단시간근로자 보호와 조직화를 위한 정책과제』, 서울: 한국노
동사회연구소.

_____(2001), "비정규직 규모와 실태", 『비정규노동』 6월호.

_____(2004), "비정규직 규모와 실태: 통계청, '경제활동인구조사 부가조
사'(2003.8) 결과".

김이선(1998), 『아·태 지역 여성의 환경활동에 관한 연구』, 1998년 연구보

고서, 240-15쪽, 서울: 한국여성개발원.

김태홍(1994), "시간제 및 임시직 고용현황과 정책과제", 서울: 한국여성개발원.

_____(1999), "비정규직 고용형태의 확산에 따른 여성고용구조의 변화와 정책과제", 서울: 한국여성개발원.

_____(2001), "비정규직 고용현황과 정책방향", 노사정위원회 비정규직 근로자 대책 특위 전문가 토론회 발표 논문(미간행).

김현미(2000), "한국의 근대성과 여성의 노동권", 『한국여성학』 제16권 1호, 한국여성학회.

김현미·손승영(2003), "성별화된 시공간적 노동 개념과 한국 여성노동의 유연화"『한국여성학』 제19권 2호, 한국여성학회.

남영숙, "여성과 환경", 『한국논단』 제95호, 서울: 한국논단.

노동부(1999), "근로자 파견이 고용에 미치는 영향"(미간행).

노동부(2000), "비정형 근로자 보호를 위한 특별 대책", 보도자료(2000. 8.).

노사정위원회 비정규직근로자대책특별위원회(2002), "비정규직 근로자 대책 관련 노사정합의문(1차)(미간행), 노사정위원회.

노성숙, "세계화와 여성", 『철학과 현실』 제47호, 서울: 철학과현실사.

류기철(2001), "비정형근로자의 실태", 한국노동경제학회 학술대회 발표 논문.

류재우·김재홍(2000), "근래의 상용직 비중 변화의 양상과 요인," 제2회 한국노동패널 학술대회 발표논문.

문순홍(1995), "에코페미니즘이란 무엇인가", 『여성과 사회』 제6호, 서울: 창작과비평사..

민주노총(2000a), 『비정규직 노동과 노동조합운동』, 서울: 민노총.

_____(2000b), "비정규노동자 권리보장을 위한 법개정 청원", 국회제출 청원서.

_____(2004), "2004 민주노총 임금요구안"(미간행)

_____(2005), "비정규조직화 기금 50억 조성 사업 개요"(미간행)

문광주(2005), "한국노총 여성참여 제고와 여성간부 확대를 위한 활동: 여성
　　　할당제를 중심으로", 한일여성노동자심포지엄 발제문.

박균성·함태성(2004), 『환경법』, 서울: 박영사.

박기성(2001), "비정규근로자의 측정과 제언", 한국노동경제학회 발표논문.

박승흡(2001), "노사정위의 비정규 관련 법 개정 논의와 노동운동의 대응",
　　　『비정규노동』6월호.

박영삼(2004), "공공부문 비정규직 노동자의 실태와 차별해소를 위한 제언",
　　　『비정규노동』3월호.

비정규 노동자 기본권 보장과 차별철폐를 위한 공동대책위원회(2000), 비정
　　　규노동자 권리 보장을 위한 법 개정안 공청회(2000.9.).

송호근(1996), "조정의 정치와 사민주의의 딜레마: 스웨덴 실업정책을 중심
　　　으로", 『한국사회학』제30권 2호, 한국사회학회.

신인령(2002), 『세계화와 여성노동권』, 서울: 이화여자대학교 출판부.

안정선(1999), "지속가능한 사회와 여성의 역할에 대한 일 고찰", 『공주문화
　　　대학논문집』제26호.

안주엽(2000), "비정규직 실태와 정책과제", 한국경영자총협회 정책토론회
　　　(2000. 11.).

_____(2001), "비정규근로의 실태와 정책과제", 노사정위원회 비정규직 근
　　　로자 대책 특위 전문가 토론회 발표 논문(미간행).

어수봉(1991), 『노동시장변화와 정책과제』, 서울: 한국노동연구원.

_____(1994), 『한국의 실업 구조와 신인력 정책』, 서울: 한국노동연구원.

어수봉·유경준·강순희(1997), 『21세기 노동시장정책』, 서울: 한국노동연구
　　　원.

여성부(2003), 『지난 5년의 여성정책성과(1998~2002)』, 여성부.

여성환경연대(2001), 『여성이 새로 짜는 세상 : 21세기의 여성과 환경』, 서울:
　　　박영률출판사.

여성환경연대(2000), 『환경문제개선 및 환경정책시행의 사회적 기반 마련을
　　　위한 여성잠재력활성화 방안』, 환경부(발주처).

오문완(1997), "비전형근로의 법리", 한국노동연구원 고위지도자과정 교재.

윤진호·정이환·홍주환·서정영주(2001), 『비정규노동자와 노동조합』, 민노총.

윤진호 편저(1995), 『생계비와 임금 정책』, 한국노총 중앙연구원.

윤칠석(2000), "지속가능한 발전을 위한 환경윤리의 모색", 『도시행정학보』 제13권 제1호, 한국도시행정학회.

이귀우(1998), "에코페미니즘", 『여성연구논총』 제13권, 서울여대.

이병훈(2001), "비정규직 근로자 대책 특별위원회 토론회 발표문", 노사정위원회 비정규직 근로자 대책 특위 전문가 토론회 발표 논문(미간행).

이영숙(2001), "한국여성환경운동의 성별관계와 지구화 논점들", 『여성학논집』 제18권, 서울: 이화여대 한국여성연구원.

이정권(1995), 『지속가능한 사회와 환경』, 서울: 박영사.

이주희·장지연(2000), 『임시·일용 등 불완전한 근로형태 확산과 우리의 정책방향』, 서울: 한국노동연구원.

이진아(1996), "여성과 환경문제의 시각과 운동방향", 『여성과 사회』 제7호, 서울: 창작과비평사..

이호성(2003), 『비정규직 동일노동 동일임금 원칙의 내용과 한계』, 『비정규노동』 3월호.

이홍균(2000), "지속가능한 발전개념에 대한 비판: 열린 체계와 닫힌 체계", 『한국사회학』 제34집.

전국경제인연합회 고용복지팀(2001), "노동시장 유연성 제고를 위한 제도 개선 과제", 전경련.

전국민주노동조합총연맹 여성위원회(1997), "여성조합원 실태 및 여성관련 단체협약 실행 현황에 대한 단위노조 설문조사 및 여성조합원 의식 설문조사 보고서"(미간행).

전국민주노동조합총연맹(1996), "노동시장 유연화의 현황과 정책과제".

전국보건의료산업노동조합(1999), 정책자료집 99-6. 「병원사업장의 비정규직 실태와 보건의료노조의 실천과제」.

전국사무금융노동조합연맹(1999), 『조합원 고용실태 및 의식구조에 관한 조사연구 보고서』, 서울: 전국사무금융노동조합연맹.

정경섭(2003), "'혼수상태' 국회: 노동법제 물건너가나", 『노동사회』 6월호.

정수복(1994), 『지방화 시대의 지역여성운동』, 한국사회학회편.

정승국(2000), "노동시장의 유연성과 단체협약", 한국노총.

정인수(1998), "파견근로의 실태와 정책과제," 서울: 한국노동연구원.

정인수·윤진호(1993), 『근로자파견업의 현황과 정책 과제』, 서울: 한국노동연구원.

조돈문 외(1999), "신경영전략과 노동조합의 대응", 민주노총.

조순경 외(2003), "간접차별 판단 기준을 위한 연구".

조순경(1996), "유연성 시대의 한국의 노동시장", 한국여성민우회, 한국여성단체연합토론회 자료집.

_____(1997), "파견근로의 신화와 현실" 『산업노동연구』 제2권 2호.

_____(1999), "노동의 유연화와 임금 차별의 체계화".

조연숙(2002), "성주류화의 과제와 단계적 추진방안", 『경기논단』 가을호.

조 은(1996), 『절반의 경험, 절반의 목소리』, 서울: 미래미디어.

_____(1997), "지구촌화, 세계시민사회 그리고 신사회운동", 『한국사회과학』, 제19권 제2호, 서울대학교 사회과학연구원.

조준모(2001), "비정규직 고용에 관한 소고: 법경제학(Law and Economics)의 관점에서", 노사정위원회 비정규직 근로자 대책 특위 전문가 토론회 발표 논문(미간행).

최병두(1995), 『환경사회이론과 국제환경문제』, 서울: 한울.

통계청(2000), '경제활동인구조사 부가조사' 결과(2000.8.).

파견·용역노동자 노동권 쟁취와 간접고용철폐를 위한 공동대책위원회 (2000), "비정규직 노동자 조직화의 의미와 과제".

한국경영자총협회(1999), 『아웃소싱의 활용실태와 정책과제』.

한국노동연구원(1997), 『노동시장의 유연성 제고』.

_____(2000), "노동시장 비정규직화에 대한 이론적 검토와 정책방

안 마련," 미발표 연구보고서.

한국비정규노동센터(2002), "통계로 본 한국의 비정규노동자", 12월.

한승희(2002), "고용상의 간접차별 판단 기준에 관한 연구", 이화여대 여성학
　　　과 석사학위 논문(미간행).

허옥경(1999), "지역환경문제와 여성의 역할", 『시정연구』 제11호.

홍주환(2000), "비정규직 미조직 노동자의 실태 및 의식조사 결과", 민주노총
　　　정책토론회 「비정규 노동자 차별 철폐 및 조직화 방안」 3월 31일
　　　자료집.

홍준형(2001), 『환경법』, 서울: 박영사.

〈외국문헌〉

Adams, Bill (1990), *Green Development: Environment and Sustainability in the Third
　　　World*, London.

Appadurai (1998), *The Production of Locality*, Modernity at Large – Cultural
　　　Dimensions of Globalization, Minneapolis: University of Minnesota Press.

Appadurai, Arjun (1990), *Disjuncture and Difference in the Global Cultural Economy*,
　　　Global Culture, Mike Featherstone(eds), Sage Publication, 윤민재 편역,
　　　"세계 문화경제의 차이와 분절", 『근대성, 탈근대성 그리고 세계
　　　화』, 사회문화연구소, 2000.

――――――――― (1998), *Modernity at Large –Cultural Dimensions of Globalization*,
　　　Minneapolis: University of Minnesota Press.

Appelbaum, E. (1986), "The Efficiency of Temporary Help and Part – Time
　　　Employment," *Personnel Administrator*, January.

――――――― (1992), "Structural Change and the Growth of Part – time and
　　　Temporary Employment," in V. duRivage.

Baker, K. and Christensen (1997), *Contingent Work: American Employment Relations in*

Transition, ILR Press.

Baudrillard, Jean (1986), *La Societe de Consommation*, Paris: Éditions Denoël, 이상률 역, 『소비의 사회: 그 신화의 구조』, 서울: 문예출판사, 1991.

Beck, Ulrich (1999), *Schoe neue Arbeitswelt*, Frankfurt am Main: Suhrkamp Verlag, 『아름답고 새로운 노동세계』, 홍윤기 역, 서울: 생각의 나무, 1999.

Bereau of the Census (2000), *Current Population Survey (February 1999), Contingent Work Supplement*, Washington.

Beveridge / Nott / Stephen (2000), Making Women Count – Integrating into law and policy – making, Ashgate.

Carolyn Merchant (2005), *Radical Ecology ; The Search For A Livable World*, Routledge ; 2nd edition, 허남혁 역, 『래디컬에콜로지』, 서울; 이후, 2001.

Cvetkovich, Ann & Douglas Kellner, "Introduction: Thinking Global and Local", *Articulating the Global and the Local*, Cvetkovich, Ann & Douglas Kellner(Ed.), Boulder: Westview Press.

DeKoven, Marianne (2001), "Introduction", Marianne Dekoven (ed.), *Feminist Locations: Global and Local, Theory and Practice*, New Jersey: Rutgers University Press.

Delsen, L. (1995), *Atypical Employment; An International Perspective – Causes, Consequences and Policy*, Groningen.

Dennard, H. (1996), "Government Impediments to the Employment of Contingent Workers." (mimeo)

Dirlik, Arif (1996), "The Global in the Local", Rob Wilson, Wimal Dissanayake(ed.), *Global/Local; Cultural Production and the transna tional Imaginary*, Duke University Press.

Duerst – Lahti, Kelly (1995), *Gender Power, Leadership and Governance*, Ann Arbor: University of Michigan Press.

Dunlop Cossission (1994), "Fact Finding Report of the Commission on the Future of Worker – Managemenmt Relations". U.S. Dept. of Labor.

DuRivage, V. (1992), *New Policies for the Part-time and Contingent Workforce*, Sharpe.

Ewa Charkiewicz, Sabine Hausler, Saskia Wieringa, Rosi Braidotti(ed), *Women, the Environment and Sustainable Development : Toward a Theoretical Synthesis*, Zed Book. 한국여성NGO위원회여성환경분과 역, 『여성과 환경 그리고 지속가능한 개발』, 서울: 나라사랑, 1995.

Fagan, C., J. Platenga and J. Rubery (1995), "Does Part-time Work Promote Sex Equality? A Comparative Analysis of the Netherlands and the UK," *WZB discussion paper* FS Ⅰ 95~205.

Friedman, Susan (2001), "*The Locational Feminism: Gender, Cultural Geographies, and Geopolitical Literacy*", Marianne Dekoven (ed.), *Feminist Locations: Global and Local, Theory and Practice*, New Jersey: Rutgers University Press.

Global 2000, *Report to the President*, 1982, Harmondsworth: Penguin.

Gonas, L., "Transformaition of the Welfare State and Its Labour Markets". Stockholm: Institute for Working Life.

Guattari, Félix (1989), *Les trois Écologies*, Paris:Éditions Galilée, 윤수종 역, 『세 가지 생태학』, 서울: 동문선, 2003.

Hess, Sabine (2001), *Transnationale Ueberlebensstrategien von Frauen-Geschlecht und neuere Konzepte der Transkulturalitaet*, in: Die andere Haelfte der Globalisierung. Menschenrechte, Oekonomie und Medialitaet aus feministischer Sicht, Hg. vonSteffi Hobbuss u. a., F/M.

Houseman, Susan, and Machiko Osawa (2000), "The Growth of Non standard Employment in Japan and the United States: A Comparison of Causes and Consequences," paper presented at the Non-Standard Work Arrangements Conference, Augusta, Michigan, August 2000.

Hudson, Ken (1999), *No Shortage of Nonstandard Jobs*. Washington, D.C.: EconomicPolicy Institute.

Hunter, Rosemary (1992) *Indirect discrimination in the Workplace*, Federation Press.

Hylton, M. (1996) "Legal and Policy Implications of the Flexible Employment

Relationship"(mimeo).

Irene Diamond, Gloria Orenstein (1990), *Reweaving the World ; The Emergence of Ecofeminism*, Sierra Club Book for Children. 정현경·황혜숙 역, 『다시 꾸며보는 세상: 생태여성주의의 대두』, 서울: 이화여자대학교 출판부, 1996.

ILO (1993a), *Workers with Family Responsibilities*, International Labour Conference, 80th Session, Geneva: ILO.

____ (1993b), *Part – Time Work Report* V(1), ILO Conference 80th Session, Geneva: ILO.

____ (1999), "Negotiating flexibility", 한국국제노동재단 역, 『노동시장의 변화와 유연한 단체교섭』.

Jane Connors (2000), *Mainstreaming Gender within the International Framework*, AnnStewart, Gender, Law & Social Justice.

King, A.D.(ed.) (1991), *Culture, Globalisation and the World – System*, London: Macmillan.

Madsen (1999), "Denmark: Flexibility, Security and Labour Market Success." Geneva: ILO.

Maria Mies·Vandana Shiva (1993), *Ecofeminism*, Zed Book. 손덕수·이난아 역, 『에코페미니즘』, 서울: 창작과비평사, 2000.

McCormick, J. (1989), *The Global Environmental Movement*, London: Belhaven.

Merchant, Carolyn (1989), *Ecological Revolutions: Nature, Gender and Science in NewEngland*, Chapel Hill: University of North Carolina Press.

Mishel, Lawrence, Jared Bernstein, and Heather Boushey (2003), *The State of Working America 2002/2003*. Economic Policy Institute.

Moser, Caroline O.N. (1989), "Gender Planning in the Third World: Meeting Practical and Strategical Gender Ne(eds.), *World Development*, Vol.7/11, pp. 1799 – 1825.

National Employment Law Project National Alliance for Fair Employment (2000), "Workplace Equality for 'Nonstandrad' Workers: A Survey of Model State

Legislation".

Nollen, S. (1982), *New Work Schedules in Practice: Managing Time in a Changing Society,* New York: Van Nostrand Reinhold.

O'Reilly, J. (1996), "Labour Adjustments Through Part-time Work," in G. Schmid, J. O'Reilly, and K. Schömann.

OECD (1994), *The OECD Jobs Study: Facts Analysis Strategies.* Paris: OECD.

_____ (1998), *OECD Employment Outlook 1997,* Paris: OECD.

_____ (2000), *OECD Employment Outlook 1999,* Paris: OECD.

_____ (2000), *Pushing Ahead with Reform in Korea —Labour Market and Social Safety — Net Policies,* OECD, Paris, June.

Plant, Judith (1990), "Searching for Common Ground: Econofeminism and Bioregionalism," Reweaving the World: The Emergence of Ecofeminism, Sanfrancisco: Sierra Club Books. 정현경·황혜숙 역, 『다시 꾸며 보는 세상』, 서울: 이화여자대학교 출판부, 1996.

Polivka, Anne E. (1996), "Contingent and Alternative Work Arrangement, Defined," *Monthly Labor Review,* Bureau of Labor Statistics, U.S.A.

Redclift, M. R. (1984), *Development and the environmental crisis : red or green aliternatives?,* Methuen. 강현수·이상헌·장윤희 역, 『발전과 환경위기: 새로운 환경 이념의 모색』, 서울: 한울, 1993

Regalia Ida (1997), *Review on the position of the social partners on direct participation,* European Foundation for the Improvement of Living and Working Conditions.

Rich, Adrienne (1976), *Of Woman Born:Motherhood as Experience and Institution,* New York: W.W.Norton 『더 이상 어머니는 없다』, 김인성 역, 서울: 평민사, 1995.

Robertson, Roland (1995), *Globalization: Time -Space and Homogeneity -Heterogeneity,* Mike Featherstone(eds), Global Modernities, Sage Publications, 윤민재 편역, "세계지역화: 시간-공간과 동질성-이질성", 『근대성, 탈근대

성 그리고 세계화』, 사회문화연구소, 2000.

Robin Attfield (1991), *The Ethics of Environmental Concer*, University of Georgia Press ; 2nd edition. 구승희 역, 『환경윤리학의 제문제』, 서울: 따님. 1991.

Rogowski, Ralf and K. Schömann (1996), "Legal Regulation and Flexibility of Employment Contracts," in G. Schmid, J. O'Reilly, and K. Schömann.

Shohat, Ella (2001), *Area Studies, Transnationalism, and the Feminist Production of Knowledge* Signs, Vol. 26, No. 4.

Simpkinson, Anne A. & Charles H. Simpkinson (1998), *Body Psychotherapy*, Soul Work: A Field Guide for Spiritual Seekers, New York: Harper Perennial.

Surgeon, Noel (1997), *Ecofeminist Natures*, N.Y.: Routledge.

Susan Houseman and Machiko Osawa (1995), "Part – time and Temporary Employment in Japan," *Monthly Labor Review*, Bureau of Labor Statistics, U.S.A.

Thrupp, Lori Ann (1990), "The Political Economy of the Sustainable Development Crusade: From Elite Protectionism to Social Justice", Association of American Geographers의 1990 연례모임(1990년 4월 토론토)의 발표문.

Tilly, C. (1992), "Short Hours, Short Shift: The Causes and Consequences of Part – time Employment," in V. duRivage.

Vigneau, Christophe, et. al. *Fist – Term Work in the EU: A European Agreement against Discrimination and Abuse*, Stockholm: NISWL.

Weber, Max (1920), *Protestantische Ethik und der geist des Kapitalismus* (Gesammelte Aufsätze zur Religionssoziologie), Bd. 1, J.C.B. MOHR, Tübingen, 박성수 역, 『프로테스탄티즘 윤리와 자본주의 정신』, 문예출판사, 1988.

Wood, S. (1999), "Family – Friendly Management: Testing the Various Perspectives" *National Institute Economic Review*.

도날드 워스터 외 (1995), 문순홍 편역, 『지속가능한 사회를 향한 생태전략, 서울: 나라사랑.

마리아 미스 (1996), 한정숙 역, "전지구적 생태여성론이 세계를 구할 수 있는가", 『여성과 사회』 제7호.

_____ (1994), *Social thedry and the global enviroment Benton*, Ted Routledge,
　　이기홍 외 역, 『지구환경과 사회이론』, 서울: 한울아카데미, 1997.
이소영·정정호·강규한·김경한 편역 (2000), 『자연, 여성, 환경: 에코페미
　　니즘의 이론과 실제』, 서울: 한신문화사.
戸田淸(1994), 環境的公正を求めて, 新曜社, 김원식 역, 『환경정의를 위하여:
　　환경파괴의 구조와 엘리뜨주의』, 서울: 창작과비평사, 1996.

〈신문자료〉

〈여성신문〉, 2003. 7. 1.
〈연합뉴스〉, 2004. 3. 7.
〈한겨레〉, 2002. 9. 14
〈한겨레〉, 2000. 4. 24; 2002. 4. 16일자. '학부모가 학교의 '재원조달' 창구인
　　가?'
〈한겨레〉, 2002. 6. 17일자 '학교운영위원장 과반수 지역위원이 장악'
〈한겨레〉, 2001. 9. 15일자 '조기 유학 다시 급증'
〈한겨레〉, 2001. 3. 9일자.
〈한겨레〉, 2000. 4. 24일자 "'엄마가 하랬다 그래서 했다'고?"
〈한겨레〉, 2001. 12. 10일자 "엄마 탓 떠넘기는 아이들"

〈잡지/미디어 자료〉

『앙앙』, 2001. 11. 4.
2003 7. 20 KBS 제1TV 〈KBS 일요스페셜〉, "미인: 어느 성형외과의 기록."

김선욱

이화여자대학교 법과대학 법학과를 졸업하고, 동대학원에서 석사를 마친 후, 독일 University Konstanz에서 법과대학 박사학위를 취득했다. 현재 이화여대 법학과 교수이자 법제처장으로 재직 중이다. 주요 저서로는 『지구화와 여성 시민권』, 『21세기의 여성과 여성정책』, 『독일 여성정책』, 『여성정책과 행정조직』, 『법학 입문』(공저), 『여성과 사회』 등이 있으며 그 외 다수 논문이 있다.

조순경

이화여자대학교를 졸업하고 미국 University of California, Berkeley에서 사회학 박사학위를 취득한 후, 이화여대 여성학과에 재직 중이다. 여성노동 및 여성주의 방법론 분야에서 강의를 해오고 있다.

주요 저서로는 『한국의 근대성과 가부장제의 변형』(공저), 『노동과 페미니즘』 (편역), 『냉전체제와 생산의 정치: 미군정기 노동정책과 노동운동』 등과 「한국 여성학 지식의 사회적 형성」, 「민주적 시장 경제와 유교적 가부장제」 등의 논문이 있다.

석인선

이화여자대학교 법과대학 법학과를 졸업하고 동대학원에서 박사학위를 취득한 후, 미국 University of Florida, College of Law에서 법학석사(LLM)를 취득했다.

현재 이화여대 법과대학 법학과 교수로 재직 중이며, 주요 논문으로는 「미국 헌법판례상 성에 근거한 적극적 평등실현조치의 사법심사기준에 관한 소고」, 「미국의 원자력관련 환경판례연구」, 「환경정책기본법의 규범적 의미와 확립」, 「영국헌법상 권력분립원리의 의미」, 「미국 헌법상 소수자에 대한 사법상의 보호와 사법적극주의」, 「미국 헌법 판례상 권력분립이론의 전개와 규범적 평가」 등이 있으며, 번역서로는 『인권의 역사』 등이 있다.

이영숙

이화여자대학교 문리대 영문학과를 졸업하고 미국 University of Oregon 사회학과(MS & Ph. D.)를 나왔으며, 2000년 3월부터 이화여대 한국여성연구원의 연구원, 2002년 1월부터는 학술연구교수로 재직중이다.

주요 논문으로는 「Liberal Protestant Leaders Working for Social Change: South Korea, 1957－1984」, 「한국여성의 경험에 대한 여성사회학적 이해」, 「Industrialization and Its Impact on the Contemporary Korean Women's Status」, 「한국여성의 인간화와 기독여성운동」, 「한국여성환경운동의 성별관계와 지구화 논점들」, 「생명공학기술의 젠더 문제」, 「생명의 젠더화와 생명여성주의」 등이 있다.

김정희

이화여자대학교 사회학과를 졸업하고 동대학원에서 여성학 박사학위를 취득하였다. 사단법인 공동육아연구원(현 공동육아와 공동체교육)의 부원장, 이화여자대학교 한국여성연구원 전임 연구원을 거쳐 연구교수로 재직 중이다.

주요 저서로는 『눈높이 엄마, 꿈높이 아이』, 『양성평등이 보장되는 복지사회』(공저), 『지구화와 여성 시민권』, 『생명여성정치의 현재와 전망』이 있고, 그외 다수 논문이 있다.

지구화 시대 여성과 공공정책의 변화

지구화와 여성 총서⑥

2005년 10월 20일 1판 1쇄 인쇄
2005년 10월 30일 1판 1쇄 발행

지은이 • 김선욱 조순경 석인선 이영숙 김정희
펴낸이 • 한 봉 숙
펴낸곳 • 푸른사상사

등록 제2-2876호
서울시 중구 을지로3가 296-10 장양B/D 701호
대표전화 02) 2268-8706(7) 팩시밀리 02) 2268-8708
메일 prun21c@yahoo.co.kr / prun21c@hanmail.net
홈페이지 //www.prun21c.com
ⓒ 2005, 한국여성연구원

값 15,000원
ISBN 89-5640-400-3-03330